让体育为实现"两个一百年"奋斗目标、实现中华民族伟大复兴的中国梦增添强大中国力量。

——习近平

国际脚斗士协会

2010年10月，脚斗士项目创始人赴美国芝加哥，注册成立"国际脚斗士协会"。

协会宗旨

1. 在世界上以各种可能的形式推动和鼓励发展脚斗士运动，让更多的青少年参与进来，体验到脚斗士运动的魅力和快乐。

2. 在促进脚斗士运动在全球的持续发展和提高过程中，积极倡导"永不放弃、勇于担当"的脚斗士核心精神。

3. 脚斗士运动的口号是：更健康、更公平、更安全。

4. 促进世界各个国家和地区间的友好关系。所有参与脚斗士运动的个人和组织都应遵守章程、规定和公平竞赛原则。

全国脚斗士大赛推广委员会

2006年8月，国家体育总局社会体育指导中心牵头成立全国脚斗士大赛推广委员会，项目创始人吴彦达任执行主任兼秘书长，时任中国奥委会副主席的张发强任名誉主席。全国脚斗士大赛推广委员会是国内脚斗士运动推广及组织全国各项比赛的实体管理机构。

1. 脚斗士运动起源于中华民族古老的"蚩尤戏",是人类效仿动物对抗的一种游戏,也是东方体育文化的一脉传承。

2. 2005年,吴彦达先生依据现代体育规律,创立了脚斗士运动项目,并建立完整的健身训练、竞技比赛系统。

3. 脚斗士运动的基因优势体现于:对抗而无伤害,安全性高;公平而富激情,趣味性强。尤其适合青少年参与,无论贫富,均能体验到这项运动带来的快乐和内含的精神。

脚斗士精神

勇于担当，永不放弃

在促进脚斗士运动在全球的持续发展和提高中，积极倡导"永不放弃、勇于担当"的脚斗士核心精神。

十年成就

2005—2017年,脚斗士从民间游戏到体育搏击竞技运动,创立了一套完整的运动员、裁判员、教练员选拔培训体系。

Ten Year Ac

十年大事记

2005年

- 2005年4月,在福建省邵武市成立"福建脚斗士竞赛规则及裁判法研究课题组"。
- 2005年11月,福建省邵武市第一次举行脚斗士比赛。
- 2005年12月30日,吴彦达先生完成《关于创立脚斗士运动项目的研究》报告。

2006年

- 2006年3月,脚斗士的商标、版权完成登记注册。
- 2006年7月2日,全国第二期脚斗士培训班圆满结束。
- 2006年8月,全国脚斗士大赛推广委员会正式成立。
- 2006年12月,"2006全国首届脚斗士大赛"总决赛在北京中央民族大学举行。

十年大事记

2007年

- 2007年5月23日，全国脚斗士大赛新闻发布会暨中日韩脚斗士争霸赛启动。
- 2007年6月16日，沈阳体育学院举办第一届脚斗士比赛，首次出现女子比赛项目。
- 2007年11月22日，脚斗士获得中国创业投资价值榜潜力企业50强。

2008年

- 2008年4月14日，北京九华国际会展中心"2008全国城市脚斗士电视大赛启动仪式"
- 2008年4月19日，沈阳体育学院主办的"沈阳第二届脚斗士大赛"成功举行。
- 2008年7月4日，红岁杯全国脚斗士邀请赛在沈阳体育学院隆重举行。

十年大事记

2009年

- 2009年3月,吴彦达应邀出席第三届促进国际体育产业论坛,并做主题演讲。
- 2009年3月7日,《挑战脚斗王》开始在央视体育频道每周与观众见面。
- 2009年两会期间,吴彦达接受《人民政协报》两会记者采访。
- 2009年12月1-4日,首届全国脚斗士精英赛在福建武夷山举行。

2010年

- 2010年3月"脚斗士"作为新增项目正式亮相福建大学生运动会。
- 2010年4月央视体育频道《挑战脚斗王》总决赛在央视体育频道黄金时间播出。
- 2010年9月22日,"脚斗士中秋之夜"拉开帷幕,同时,"美国脚斗王中国挑战赛"启动。
- 2010年10月,国际脚斗士协会在美国芝加哥正式成立。
- 2010年12月9-11日,第二届全国脚斗士精英赛在沈阳体育学院举行。

2011年

- 2011年6月7-9日，全国大学生脚斗士锦标赛在武夷学院举行。
- 2011年6月30日吴彦达陪同美国脚斗士协会代表团访问了国家体育总局社会体育指导中心和脚斗士培训基地。
- 2011年12月13-15日，第三届全国脚斗士精英赛在山东日照成功举办。

2012年

- 2012年8月1-23日，于武汉成功举办全国首届脚斗士训练营。
- 2012年9月17-18日，首届武夷山阿里山海峡两岸脚斗士大赛于福建武夷山举行。
- 2012年10月17-20日，第四届全国脚斗士精英赛于武汉举行。

十年大事记

2013年

- 2013年5月8-9日，城市保卫战-内蒙古保卫战于呼和浩特市举行。
- 2013年8月11-12日，第二届武夷山阿里山海峡两岸脚斗士大赛于福建武夷山成功举办。
- 2013年11月27-29日，第五届全国脚斗士精英赛于广州成功举办。

2014年

- 2014年8月，脚斗士女运动员登上中央电视台三套《黄金100秒》栏目。
- 2014年10月脚斗士作为乙组竞赛项目，亮相福建省第十五届运动会。
- 2014年12月15-17日，第六届全国脚斗士精英赛于武汉成功举办。

十年大事记

2015年

- 2015年3月31日下午,"城市保卫战·福建脚斗士俱乐部联赛"启动仪式。
- 2015年6月13–14日,第四届武夷山阿里山海峡两岸脚斗士比赛于武夷山成功举办。
- 2015年8月,福建城市保卫战正式打响。
- 2015年12月,第七届全国脚斗士精英赛在福建师范大学体育科学学院篮球馆举行。

2016年

- 2016年7月8日,第五届武夷山阿里山海峡两岸脚斗士比赛于武夷山成功举办。
- 2016年10月10日,天津"城市保卫战",在天津正式启动。

脚斗士运动

规则·裁判法·竞赛组织

国际脚斗士协会　审定

人民体育出版社

《脚斗士运动》编委会

主　任：吴彦达

编　委：（排名不分先后）

　　　　程　序　　杨亚玲　　孟春媛　　张晓东
　　　　张立新　　李东河　　张涵劲　　高楚兰
　　　　山　广　　高　杨　　苏　斌　　李中兴

编写组

主　编：吴林滨

副主编：陈明星　　徐志敏

成　员：（排名不分先后）

　　　　赵　丽　　徐宏魁　　李晓毅　　闻　靖
　　　　王　平　　赵志鹏　　俞忠友　　姚向颖
　　　　施文敏　　杨　轲　　陈如峰　　周志彬
　　　　马金龙　　汪敬禄

序 言

呈现在读者面前的，是一部由中国人首先定制的国际竞赛标准的民族体育运动的专著。2014年10月，国务院46号文件《关于加快发展体育产业促进体育消费的若干意见》正式出台，在政策利好的驱动下，体育产业成为社会资本的新宠，国内引进国外的体育赛事一时间"洛阳纸贵"。

体育是上层建筑，是民族文化的载体。习近平总书记曾指出："我们每个人的梦想、体育强国梦都与中国梦紧密相连。"实现中国梦，需要全体华夏儿女共同努力奋斗，而体育具有凝聚人心、振奋精神等社会功能，会激发人的奋斗精神，自强不息，去实现自己的光荣与梦想。身处中华民族伟大复兴的时代，民族体育成为体育强国梦的重要抓手，此时出版本书，对于呼吁国人支持民族体育，为有识之士发展民族体育提供可借鉴的样板，是一项意义深远的工作。

自2006年脚斗士项目创立以来，我们成立了"国际脚斗士协会"、"全国脚斗士大赛推广委员会"等推广运营机构，搭建了"脚斗士"三级俱乐部联赛平台，即国际脚斗士俱乐部联赛平台、中国脚斗士俱乐部联赛平台、省级脚斗士俱乐部联赛平台。脚斗士运动从传统的民间游戏蜕变为具有完善赛事的竞技搏击职业赛事，现已在全球118个国家及地区完成了知识产权注册。十年，在浩瀚的华夏文明长河中如沧海一粟，但对于一项处于萌芽阶段的原创赛事而言，正是这十年扎实的基础工作，让脚斗士拥有了更广阔的发展空间。发展中的脚斗士不仅是民族体育崛起的中坚力量，更是向全世界展示东方魅力的窗口。

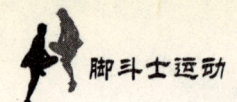

  原创民族体育之路并非皆为坦途，必合众人之力而披荆斩棘。自2006年以来，脚斗士受到了国家体育总局、各地方体育局、各体育院校以及社会各界的支持与关注，有志于推广脚斗士的社会资本以及有识之士也给予了很大的支持。

  为适应蓬勃发展的脚斗士运动，提高俱乐部专业队、高校运动队、体育院系的训练水平，以及在青少年中普及脚斗士运动教学，经过广大脚斗士裁判员对脚斗士研讨并广泛征求意见后，在2009年由人民体育出版社出版的《脚斗士运动》一书基础上，我的团队数易其稿后编撰了本书。全书概述了十余年来脚斗士一路走过的足迹，对脚斗士运动的特点以及价值进行了全面的总结，为了能够全面展示脚斗士的技能和提高比赛的观赏性，对裁判法与竞赛规则进行了部分修订，以供广大脚斗士爱好者、教练员、裁判员使用和参考。

吴彦达
2017年3月

目　录

脚斗士的竞赛规则（2017）

第一章　总则 ……………………………………………… 3

第一条　目的 …………………………………………… 3
第二条　解释权 ………………………………………… 3
第三条　应用范围 ……………………………………… 3
第四条　运动员资格 …………………………………… 4
第五条　比赛服装 ……………………………………… 4
第六条　比赛场地 ……………………………………… 5
第七条　医务服务 ……………………………………… 7
第八条　兴奋剂检查 …………………………………… 7
第九条　裁判组的组成及要求 ………………………… 7
第十条　赛制编排 ……………………………………… 8
第十一条　组别及相应赛事 …………………………… 8
第十二条　颁奖仪式 …………………………………… 10
第十三条　仲裁及申诉 ………………………………… 10
第十四条　团队及个人处罚 …………………………… 12

第二章　个人赛比赛办法 ………………………………… 13

第一条　赛前检录 ……………………………………… 13
第二条　比赛的入场、开始、退场程序 ……………… 14

  第三条 比赛的局数、时间设置和胜负判定 …………… 14

  第四条 违规、犯规和失败的表现与判罚 ……………… 15

  第五条 比赛的暂停与结束 ……………………………… 17

  第六条 终止比赛的判罚 ………………………………… 18

  第七条 计分和名次的判定 ……………………………… 20

第三章 团体赛比赛办法 ……………………………………… 21

  第一条 赛前检录 ………………………………………… 21

  第二条 比赛前的程序 …………………………………… 21

  第三条 进入比赛的程序 ………………………………… 22

  第四条 比赛的局数、时间设置和胜负判定 …………… 23

  第五条 队员出场顺序和限制 …………………………… 23

  第六条 违规、犯规和失败的表现与判罚 ……………… 24

  第七条 比赛的暂停与结束 ……………………………… 27

  第八条 终止比赛的判罚和退场仪式 …………………… 27

  第九条 团体比赛的胜负及名次的判定 ………………… 29

脚斗士的竞赛裁判法（2017）

第一章 裁判员应具备的条件 ………………………………… 33

第二章 裁判工作的组织和裁判人员的职责 ………………… 34

  一、人员组成 ……………………………………………… 34

  二、裁判工作的组织 ……………………………………… 34

  三、裁判员的职责 ………………………………………… 35

第三章 临场裁判工作 ………………………………………… 40

  一、上场前的准备 ………………………………………… 40

  二、进入场地 ……………………………………………… 40

三、主裁判员对违规判罚的指导原则 …… 41

四、比赛中对违规和胜负的宣判 …… 42

五、比赛中的休息与退场 …… 42

第四章 裁判员执裁的主要手势 …… 43

一、赛前（礼节）的手势 …… 43

二、比赛中的手势 …… 45

第五章 裁判技巧 …… 55

一、临场执裁技巧 …… 55

二、手势、口语和程序 …… 55

第六章 对裁判员的处罚 …… 56

脚斗士的竞赛与组织（2017）

第一章 脚斗士竞赛的意义与种类 …… 59

一、总论 …… 59

二、我国开展脚斗士竞赛的意义 …… 59

三、脚斗士竞赛的种类 …… 59

第二章 脚斗士竞赛的组织工作 …… 60

一、竞赛工作的程序 …… 60

二、竞赛制度与编排 …… 61

第三章 "体育道德风尚奖""优秀教练员""优秀裁判员""优秀运动员"评选办法 …… 66

一、评选范围 …… 66

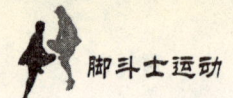

　　二、评选条件 ………………………………………… 66
　　三、评选办法 ………………………………………… 67
　　四、评选名额 ………………………………………… 67
　　五、奖励办法 ………………………………………… 67

第四章　脚斗士竞赛规程范例 …………………………… 67
　　一、举办单位 ………………………………………… 67
　　二、时间和地点 ……………………………………… 68
　　三、参加单位（以实际报名为准）…………………… 68
　　四、竞赛项目和级别 ………………………………… 68
　　五、竞赛办法 ………………………………………… 68
　　六、参加办法 ………………………………………… 68
　　七、录取名次与计分办法 …………………………… 69
　　八、报名 ……………………………………………… 69
　　九、参赛经费（视具体情况而定）…………………… 69
　　十、保险 ……………………………………………… 69
　　十一、其他 …………………………………………… 70

附件1　脚斗士体重计量表 ………………………………… 71

附件2　脚斗士积分表 ……………………………………… 72

附件3　脚斗士个人赛 ……………………………………… 73
　　附件3-1　脚斗士个人赛抽签表 …………………… 73
　　附件3-2　脚斗士个人赛检录表及使用说明 ……… 74
　　附件3-3　脚斗士个人赛记录表及使用说明 ……… 75

附件4　脚斗士团体赛 ……………………………………… 78
　　附件4-1　脚斗士团体赛抽签表 …………………… 78
　　附件4-2　脚斗士团体赛检录表及使用说明 ……… 79
　　附件4-3　脚斗士团体赛记录表 …………………… 83

脚斗士的竞赛规则（2017）

脚斗士同其他体育项目一样，应遵守其限定行为的规则。脚斗士是一项以单脚支撑跳跃，以手握非支撑腿小腿及其以下部位，以非支撑腿的膝关节、大腿部、小腿部及脚面进行顶撞、上挑、下压、弹推等攻击技法的中国传统竞技类体育运动。

下列竞赛规则，要求所有的运动员、教练员、裁判员、领队以及赛事组织者理解和接受。规则要求上述从业人员以诚实、公平的原则从事脚斗士运动，通过展现全面、非凡的脚斗士技能来提高比赛的观赏性。本规则的解释权归国际脚斗士协会。

第一章 总 则

第一条 目的

——解释和说明组织比赛应具备的实践和技术条件；
——规定脚斗士运动的标准动作；
——列举各种情况及禁止事项；
——明确裁判组的技术职能；
——确定比赛形式、运动队（运动员）的名次排列标准、处罚及淘汰办法等。

第二条 解释权

对本规则中任一条款文字的理解出现争议时，国际脚斗士协会是唯一有资格对相关条款文字给予解释的机构。规则的最终解释以中文为准。

第三条 应用范围

本规则适用于所有脚斗士比赛。

第四条 运动员资格

参加国际脚斗士协会组织的比赛时,运动员必须携带代表参赛单位的直接有效证件,以及个人身份证。

根据规定,所有参加脚斗士比赛的运动员都必须持有国际脚斗士协会颁发的运动员证件。

运动员报名参赛即表示同意国际脚斗士协会可以为推广脚斗士运动项目而使用其比赛中的影像和图片;如不同意上述条件,运动员则应在报名时明确其要求,其本人可能因此被取消参赛资格。

第五条 比赛服装

一、脚斗士比赛服

运动员参加省级以上脚斗士正式比赛时,必须穿着由国际脚斗士协会官方提供或认可的脚斗士比赛服(红、黑两种颜色)。个人赛服装的胸前印有所代表的省市/单位等的徽记字样,背后印有最大尺寸为10厘米×10厘米的省市/单位等名称缩写。团体赛服装在个人赛服装的基础上,在胸前和背部位置印有车、马、炮、象、将字样。

运动员在比赛前应接受裁判员的检查。

二、服装上的广告

除采用规则规定的脚斗士比赛服外,运动员可以穿腿部或背部印有赞助商名称的脚斗士服,赞助商名称的字母和标记高度不超过6厘米。

三、鞋

运动员必须双脚穿紧固踝关节的平底运动鞋,禁止穿着带有鞋跟、鞋钉、鞋扣及金属材料的鞋。

四、护具

为了确保安全，比赛时每位运动员必须佩戴由国际脚斗士协会官方提供或认可的护膝、护小腿、护肘等护具。女运动员可佩戴护胸。

第六条　比赛场地

在一块平整的泥土地或木板地、塑胶地的空地内划分出脚斗士比赛各区域（图1）。建议各级各类比赛使用脚斗士比赛专用垫。所有省级以上（含省级）比赛必须使用国际脚斗士协会认可的脚斗士垫（规格另定）。

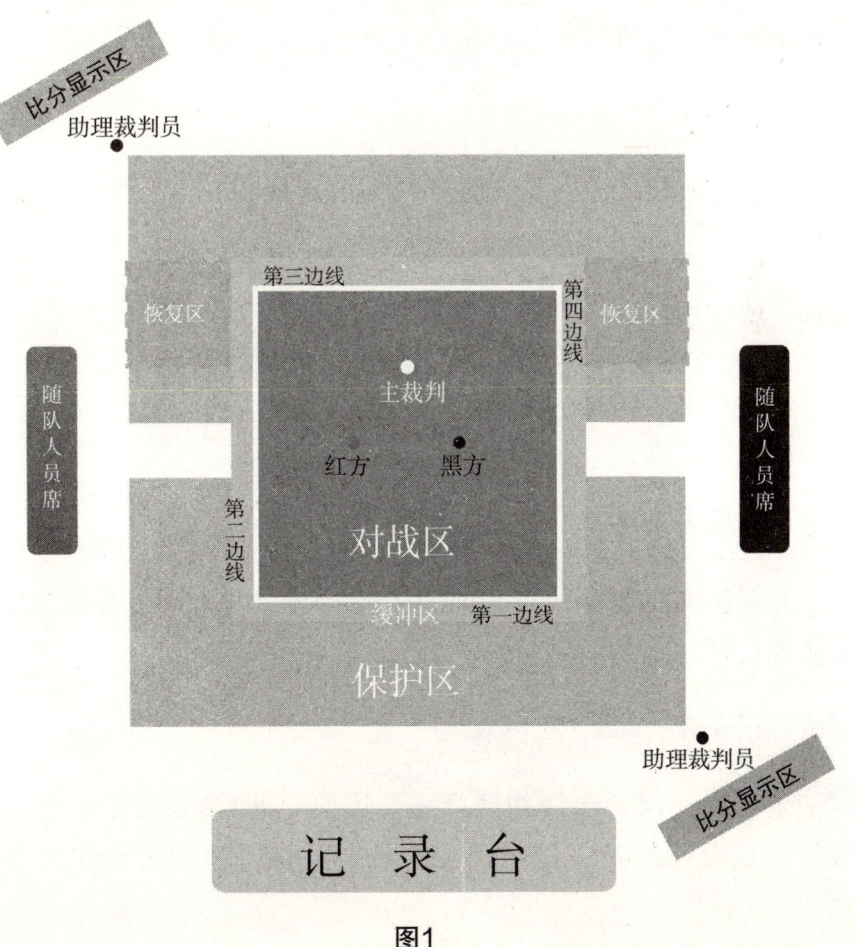

图1

比赛场地区域说明：

在比赛场地内，赛台搭建要求为长7米，宽7米，高0.5~0.8米。

一、赛台及人员位置

对战区由边长6米×6米的正方形组成，边界线宽5厘米，边界线包含在对战区范围内。以对战区的中轴线左右1.5米处为落位点，为本场双方队员开始比赛前的站位点；面向记录台，在第三边界线中点向前1.5米处，为本场主裁判开始比赛前的站位区。

二、缓冲区

对战区四条边界线各向外延伸0.5米的区域为缓冲区。

三、保护区

为保护运动员安全，赛台四边用30厘米厚的软垫拼接成向外延伸2米的保护区。

四、恢复区

保护区左右两边区域，边长为2米×2米的正方形，分别为当场比赛的运动员恢复区。

五、随队人员席

左右保护区后面1米处，边长为1米×4米的长方形，分别为比赛双方随队人员席。

六、记录台

记录台设在保护垫缓冲区第一条边线向外2米处居中位置，面向对战区。比分操控员、记录员、宣告员、执行裁判长依次由左至右就座。

七、比分显示区

正式比赛需要两块（数量可根据现场情况而定，每块场地至少需要一块）比分显示屏，分别坐落在保护区1.5米外的对角位置，向全场观众显示场上比赛情况，且必须使用国际脚斗士协会认可的脚斗士专用比分显示系统。

第七条 医务服务

每名参加脚斗士大赛的运动员在启程参加锦标赛、杯赛及综合运动会前都必须在本地区进行一次体检。赛事组织者必须为赛前体检和比赛全程提供医务服务，医务服务要接受国际脚斗士协会医务代表监督。

第八条 兴奋剂检查

无论任何情况，对服用兴奋剂的运动员或官员立即取消其比赛资格并予以制裁。

国际脚斗士协会医务委员会根据适用的原则决定检测的时间、数量或次数；化验样本由国际脚斗士协会委派的兴奋剂监测人员在被检测运动员、随队官员在场的情况下提取。进行兴奋剂检测的费用由承办单位或地区协会负担。

第九条 裁判组的组成及要求

一、在所有竞赛中，每场比赛设执行裁判组1个。执行裁判组由下列人员构成：

执行裁判长（组长）1名，主裁判员1名，助理裁判员2名，比分操控员、记录员、宣告员（助理记录员）和检录员各1名。

二、执行裁判长在比赛中的职责主要是监督记录台人员的工作，并协助主裁判员，使比赛顺利进行。

三、主裁判员及其助理人员要按照国际脚斗士协会确定的规则执裁比赛。

四、要特别强调，担任一场比赛的主裁判员赛前不得与比赛双方做任何方式的联系。

五、除场上出现特殊情况，禁止在一场比赛中更换主裁判员。

六、任何省级以上比赛（含省级），不允许一场比赛的执行裁判组中有两人是来自于同一地区。严格禁止裁判员执裁本地区运动员的比赛。

七、场上主裁判员发生明显错判时，总裁判长和执行裁判长有权暂停比赛，询问场上主裁判员做出该决定的理由；经过总裁判长或执行裁判长和场上主裁判员以及临近的边裁协商得出结论后进行判罚。

第十条 赛制编排

脚斗士比赛采用淘汰制、循环制、混合制或交叉淘汰制进行。

第十一条 组别及相应赛事

一、按年龄分组

少儿赛事组：　6～13岁（不含13岁）。
青少年赛事组：13～18岁（不含18岁）。
常规赛事组：　18岁以上（含18岁）。

二、按体重分级别

（一）个人赛

1. 大规模比赛可以分为5个级别。

男子组：轻 量 级　（<60公斤）
　　　　　　　　　（不含60公斤）
　　　　中 量 级　（≥60公斤，<70公斤）
　　　　　　　　　（含60公斤，不含70公斤）

　　　　次重量级　　（≥70公斤，＜80公斤）
　　　　　　　　　　（含70公斤，不含80公斤）
　　　　重　量　级　（≥80公斤，＜90公斤）
　　　　　　　　　　（含80公斤，不含90公斤）
　　　　超重量级　　（≥90公斤）
　　　　　　　　　　（含90公斤）
女子组：轻　量　级　（＜50公斤）
　　　　　　　　　　（不含50公斤）
　　　　中　量　级　（≥50公斤，＜55公斤）
　　　　　　　　　　（含50公斤，不含55公斤）
　　　　次重量级　　（≥55公斤，＜60公斤）
　　　　　　　　　　（含55公斤，不含60公斤）
　　　　重　量　级　（≥60公斤，＜65公斤）
　　　　　　　　　　（含60公斤，不含65公斤）
　　　　超重量级　　（≥65公斤）
　　　　　　　　　　（含65公斤）

2.小规模比赛可以简单分为2个级别
男子组：轻　量　级　（＜75公斤）
　　　　　　　　　　（不含75公斤）
　　　　重　量　级　（≥75公斤）
　　　　　　　　　　（含75公斤）
女子组：轻　量　级　（＜62公斤）
　　　　　　　　　　（不含62公斤）
　　　　重　量　级　（≥62公斤）
　　　　　　　　　　（含62公斤）

（二）团体赛

男子比赛：5名队员总体重不超过385公斤（人均77公斤）。
女子比赛：5名队员总体重不超过310公斤（人均62公斤）。

三、无差别级

[注] 关于体重计量

运动员的体重计量在赛前10～12小时进行，同一级别的体重计量在同一时间内进行，超重的选手，在1个小时内还有两次重新称量的机会，超过1小时体重仍超重的选手则取消参赛资格。赛中和赛后不再计量。计量体重时必须有参赛队3名以上的教练员（监护人）代表在场监督并签名确认。低级别运动员可以参加高级别比赛，高级别运动员不得参加低级别比赛。

第十二条 颁奖仪式

个人赛事获得前3名的运动员参加颁奖仪式，并根据所获成绩授予奖牌和证书。

第一名：金奖。

第二名：银奖。

第三名：铜奖。

名列第四名至第八名的运动员获得证书。

颁奖仪式可在该级别决赛后或所有比赛结束后进行。

第十三条 仲裁及申诉

一、仲裁委员会的组成

设主任1名，委员2名或4名。

二、仲裁委员会的职责

仲裁委员会在脚斗士大赛组委会的领导下进行工作。主要受理参加比赛的运动员对裁判人员有关违反竞赛规程、规则的判决结果有不同意见的申诉。

三、具体规定

（一）仲裁委员会接到申诉后，应及时进行初步调查，根据调查的结果立即做出受理或不受理的决定。

（二）决定予以受理的申诉，应立即进行处理。

（三）根据申诉材料说明的情况，必要时可以复审录像，进行调查。召开仲裁委员会讨论研究。仲裁结果必须经超过半数以上的委员同意方为有效。

（四）作为复审的录像只能是仲裁录像，不得以其他录像作为仲裁依据。

（五）仲裁委员会成员与申诉人员具有关联关系时，应予回避。

（六）对申诉材料提出的问题，经过严格认真复审，确认原判无误，应维持原判；如确认原判有明显错误，可以改判。

（七）仲裁委员会做出改判决定时，应同时向国际脚斗士协会提出对负有责任的裁判人员进行处理的建议。

（八）仲裁委员会的裁决为最终裁决。

（九）除仲裁委员会外，其他任何组织和个人都无权改变裁判结果。

（十）运动员向仲裁委员会提出的申诉内容，必须是裁判员针对自己的直接的不公正裁判行为。对有异议的申述，赛后脚斗士比赛仲裁委员会经过审查或根据比赛录像，如发现临场执行裁判组有滥用权力更改比赛结果的现象，则对违规人员给予相应处罚。

（十一）运动员如果对不公正裁判行为进行申诉，必须在该场比赛结束后30分钟内以书面形式向仲裁委员会提出。

（十二）每场比赛的申诉抵押金为人民币1000元（自理）。如申诉正确，全部退回；如申诉不正确，抵押金作为优秀裁判员的奖励基金。

第十四条 团队及个人处罚

（一）主办单位根据本规定对参赛运动员、教练员、裁判员、工作人员、俱乐部和承办单位等违犯竞赛纪律和有关规定（以下简称违纪违规）的行为给予相应的处罚。处罚遵循及时、公开、公平、公正、处罚与教育相结合的原则。

（二）国际脚斗士协会下设的专门机构——赛事纪律委员会负责处罚工作，处罚决定由主办单位发布。赛事纪律委员会在接到比赛监督、仲裁、赛区负责人和裁判员上交的书面报告后，依据有关规定，在经过必要的调查、认定事实和分清责任的基础上，在最短时间内做出处罚决定。对严重的违纪违规而未做书面报告的事件，赛事主办单位在核实违纪违规情况后，有权做出必要的处罚和追加处罚。

（三）处罚的种类：

1. 警告（含内部提醒、内部警告和严重警告）；
2. 通报批评；
3. 罚款（扣发参赛经费）；
4. 停赛（停止参加大赛工作）若干场；
5. 取消承办联赛主场比赛资格；
6. 扣除参赛队积分或取消此次比赛成绩；
7. 取消注册资格。

以上处罚均由仲裁委员会与赛事主办方核实情况后，根据情节的严重程度可单独或合并执行。

（四）凡发现有冒名顶替比赛的运动员，经赛事纪律委员会查实认定后，取消替赛和被替赛运动员的比赛资格和已取得的所有比赛成绩，追回已发奖金、奖品和证书等，并视情节的严重程度，给予该参赛单位人民币1000~2000元的处罚并进行全国通报。

（五）凡运动员参与造假（假比赛），经赛事纪律委员会查实，处以判负（本场得0分）、停赛直至取消比赛资格的处罚。若有触及违

犯国家法律的行为，则交由司法机关处理。视情节的严重程度，给予该参赛单位人民币1000～5000元的处罚并进行全国通报。

（六）与竞赛无直接关系的违纪违规、寻衅滋事、比赛场外的打架斗殴等行为，由承办单位会同有关部门进行处理。

（七）触犯法律或社会治安管理条例者，由司法机关处理，肇事者承担相应的刑事、民事或其他法律责任。

第二章　个人赛比赛办法

第一条　赛前检录

一、点名

每场比赛开始前30分钟进行第一轮点名，第二轮点名在第一轮点名之后立即进行，即连续点两次。两轮点名结束均未能到场检录者，按自动弃权论处。比赛时间开始1分钟后未能上场比赛者，按自动弃权论处。若运动员在检录开始时正在进行其他项目的比赛，本队教练员或领队须告知检录员并确认情况，否则按弃权论处。

二、检查

点名后的运动员必须接受对有效证件、身体、服装和护具的检查，不得携带任何可能给对方造成伤害的物品。检查员由组委会指定专人担任，运动员应无条件积极地配合。

三、进入随队人员席

检查合格后，运动员和1名教练员、1名领队、1名随队医生进入比赛场地随队人员席，准备进行比赛。

第二条　比赛的入场、开始、退场程序

一、入场

领队技术会确定红方和黑方，开赛前两名参赛队员在各自的随队人员席内由宣告员介绍后入场。当介绍参赛运动员的姓名时，运动员应站在比赛场地指定的位置举手示意；在场上主裁判员发出口令和做出入场手势后，双方队员进入各自的站位点；主裁判员面向记录台站在双方运动员中间；在主裁判员发出口令后，双方运动员以脚斗士基本姿势——膝部轻触的方式（触膝礼）互相致礼。

二、开始

主裁判员发出"预备""开始"口令并做出开赛手势后，比赛开始，比分操控员开动计时器。

三、退场

主裁判员在场上宣布结果后方可退场（局间有1分钟的休息时间，队员可以回到恢复区）。

第三条　比赛的局数、时间设置和胜负判定

个人赛是以场和局的形式进行比赛。一场比赛分成3局。

一、局数及时间设置

一场个人赛由3局组成，每局1分钟，局间休息1分钟。每局比赛过程中比分操控员要根据主裁判员的手势及时停表，并在主裁判员的示意下继续开表比赛。

二、胜负判定

以计分方式判定胜负。任何一方先获得或超过15分或21分，即获

得全场比赛的胜利。3局比赛结束，双方均未得到15分或21分，则判三局比赛中分值高者获胜；若比分相同，则见本章"第七条 计分和名次的判定"。

第四条 违规、犯规和失败的表现与判罚

一、违规的表现与判罚

（一）违规的表现

1. 用非支撑脚脚掌、脚尖和脚后跟进攻对方。
2. 主动用头颈部进行攻防。
3. 利用手、肩、肘、臂、躯干等部位攻击对方。
4. 将手置于非支撑腿膝关节处进行攻防。
5. 手抓握、扣握比赛服装、鞋帮、袜子、鞋带等附着物进行攻防。
6. 在主裁判员做开始手势前进攻。
7. 3秒违规（主裁判员口语或手势后3秒未完成动作等）。
8. 不文明行为。

（二）违规的判罚

一场比赛中，任一方违规累计达3次时，从第3次开始，每违规1次，对方得1分。任何一方总违规次数先达到6次，则比赛结束，判该队员失败：若违规失败队员比分落后，则以实际比分记录；若违规方比分领先，则以0∶21比分进行判罚（3局15分以0∶15判罚）。

［注］个人赛中局与局之间的违规次数累计判罚。

二、犯规的表现与判罚

（一）攻击对方头颈部，判严重犯规，对方得3分。
（二）严重违反体育道德的行为，判严重犯规，对方得3分。
（三）违反体育道德的不文明行为，判严重犯规，对方得3分。
（四）比赛中运动员示意自己被击中头部，经确认为假示意时，判技术性犯规，对方得3分。

（五）对对手故意违规，判技术性犯规，对方得3分。

一场比赛中，任何一方总犯规次数先达到2次，则比赛结束，判罚该队员失败：若犯规失败队员比分落后，则以实际比分记录；若犯规方比分领先，则以0∶21比分进行判罚（3局15分以0∶15判罚）。

一场比赛从进入比赛过程开始，任何进入到赛场的运动员、教练员及随队人员都必须遵照和执行规则的规定。如有任何违反规则和不得体的行为，主裁判可对教练员进行一次警告，在警告之后本队任何人再次出现此情形，主裁判可判教练员技术性犯规。此犯规记录在教练员名下，一场比赛中教练员出现两次技术性犯规，则取消该教练员的资格，并立即离开赛场；若该教练员不服从判罚且不离开，主裁判可判该队场上队员本场比赛失败。

任何时候出现情节特别严重的犯规（如袭击裁判员、对裁判员有挑衅性的举动或造成严重后果的犯规），可直接判罚取消比赛资格（失败）并依据《脚斗士运动员管理条例》给予处罚：若犯规方比分落后，则以实际比分记录；若犯规方比分领先，则以0∶21比分进行判罚（3局15分以0∶15判罚）。

三、失败的表现与判罚

（一）支撑脚全脚掌出界（4条边线之外），判失败，对方得3分。

（二）支撑脚踝关节以上部位着地，判失败，对方得3分。

（三）单局比赛内交换支撑脚，判失败，对方得3分。

（四）双手均未能握住非支撑腿小腿及以下部位，判脱手，对方得1分。

（五）非支撑腿同侧手单手握脚时，手臂在膝关节外侧且双腿未成交叉，判脱手，对方得1分。

（六）同侧手单手握脚且手臂在膝关节内侧时进攻，判脱手，对方得1分。

（七）运动员比赛消极，判消极，对方得1分：

1.在裁判示意进攻并读秒3秒后未进攻。

2. 同一片段中出现"消极—进攻—消极"。

3. 比赛中运动员举手示意裁判员暂停（含鞋脱落，示意整理服装、鞋、护具等）。

4. 带伤和因伤治疗后上场的运动员，比赛中示意暂停（运动员受伤需接受医务治疗时：个人赛为5分钟；团体赛为1分钟）。

5. 比赛中为确保运动员安全，出现未按规定佩戴比赛护具、着装、鞋带脱落等情况，裁判员示意暂停比赛，提醒运动员改正并判罚消极。

（八）双方同时失败（同时出现出界、倒地、成非交叉、假摔等）不判罚。

四、可纠正的判罚

如果仅在下述的情况下某条规则被无意地忽视了，助理裁判员确定有误时应及时予以叫停，告知主裁判员，并由主裁判员做出最后判决：

（一）不正确地判给得分、或取消得分、或记录错误。

（二）未按违规失分规定执行。

（三）漏判。

［注］出现上述失误，它们必须是在失误后并且开动了计时钟之后的第一次停表，并且在新一次开表前被发现，这段时间是可纠错时间段。

在可纠错时间段之后，之前已发生的任何错误违规、犯规、得分、消耗的时间和附加的活动等均保持有效。主裁判员在记录表上签字后，可纠正的失误就不能被纠正。

第五条 比赛的暂停与结束

当比赛出现违规主裁判员叫停时，计时钟暂停，并根据宣判继续计时比赛或复位计时钟。当每局比赛时间到的锣声响起，每局的比赛结束。

第六条 终止比赛的判罚

一、KO胜

比赛中被对方以正当的攻击打倒后,在10秒钟内不能恢复比赛,或主裁判员判断被击倒者难以继续比赛,这时判对方"KO胜"。

二、优势胜

在比赛中主裁判员判定一方运动员实力明显强于对手时,则判"优势胜"。

三、终止比赛胜

运动员受伤(非对方犯规),经现场医务人员诊断,不能继续比赛时应立即终止比赛。若诊断为接受治疗后可以继续比赛的,则治疗和处理伤口的时间为5分钟:

(一)即使5分钟未到,医务人员已完成治疗和处理,在征得医务人员同意后,主裁判员有权开始比赛。不服从主裁判员继续比赛的命令时,可判终止比赛,另一方获胜;若受伤者比分领先或比分相等,以0:15(21)判其负;若受伤者比分落后,以实际比分记录。

(二)在倒计时5分钟后未能完成治疗和处理,或受伤者仍不能上场比赛时,主裁判员为确保安全,有权终止比赛,并判终止比赛,另一方获胜:若受伤者比分领先或比分相等,则以0:15(21)判其负;若受伤者比分落后,则以实际比分记录。

出现上述情况时,为保证不拖延比赛的时间,执行裁判长有权决定是否将下一场比赛提前进行,若下一场比赛提前并结束后,上一场接受治疗和处理好的运动员必须紧接着进行未完成的比赛。

四、比分胜

一场比赛中有一方先获得或超过15（21）分则该场比赛结束，由主裁判员召集双方运动员到其两侧，宣判比赛结果。比赛打满3局时：

（一）双方不同分时，分数领先者胜。

（二）若比分相同时，见第七条"一、一场比赛中胜负的判定"。

五、对方弃权胜

（一）在预定的比赛开始时间后1分钟，一方无故在规定时间未到场或在主裁判员通知后拒绝比赛的，另一方则获得弃权胜，主裁判员有权宣布对方以15（21）：0获胜。

（二）比赛中，一方主动提出放弃比赛，放弃者比分落后，则以实际比分记录；若放弃者比分领先，则以0：15（21）判其负。

（三）若双方在比赛过程中同时提出弃权，则以（0：0）判双方均负。

［注］小组循环阶段的比赛，弃权的一方均不积分。

六、对方失去资格胜

运动员未能按脚斗士比赛要求着装或佩戴护具时，主裁判员可拒绝或终止其进行比赛，并有权宣布另一方以15（21）：0获胜。如一方参赛资格不符合规定，则对方获得失去资格胜。

七、严重犯规胜

如运动员使用规则中不允许的技术造成对方严重受伤，或有严重不文明行为，教练员、随队人员有严重不文明行为，对裁判员有不得体行为时，可以直接判比赛的另一方犯规胜：若犯规者比分领先，以0：15（21）判其负；若犯规者比分落后，则以犯规判罚后的比分记录。

八、突然死亡法胜

比赛过程中通过对两名场上队员的比分、犯规、违规、体重等情况的比较均无法判定胜负而出现需要使用"突然死亡法"时，则指定该局的两名场上队员进行对抗，不设比赛时间，先获得3分的队员获得该局比赛的胜利，且将其得分计入总分。

第七条　计分和名次的判定

一、一场比赛中胜负的判定

比赛以计分方式判定胜负。任何一方先获得或超过15或21分，即获得全场比赛的胜利；三局比赛结束，双方均未得到15或21分，则判三局比赛中分值高者获胜；若分值相同，则判犯规次数少的一方获胜；若犯规次数相等，则判违规次数少的一方获胜；若违规次数相等，则判体重轻的一方获胜；若再相同，则以双方进行突然死亡法决出胜负。

二、按比赛场次的胜负记录排列名次

胜一场得2分，负一场得1分，弃权一场（告负）得0分。积分高者名次列前。

如果在这个排列中两人积分相等，则将两人之间比赛胜者列前。

如果有3个或3个以上积分相等，则首先看他们之间的胜负场次，胜场多者列前；若相等，则以他们之间比赛得分率（总得分/总失分）高低来确定名次，得分率高者名次列前；若得分率相等，则以他们之间比赛总犯规次数多少来确定名次，次数少者名次列前；若再相等，则以他们之间比赛总违规次数多少来确定名次，次数少者名次列前；若仍相等，则以体重大小来确定名次，体重轻者名次列前；再相等，则抽签决定名次。

第三章　团体赛比赛办法

第一条　赛前检录

一、点名

每场比赛开始前30分钟进行第一轮点名，第二轮点名在第一轮点名之后立即进行，即连续点两次。两轮点名结束均未能到场检录者，按自动弃权论处。比赛时间开始1分钟后未能上场比赛者，按自动弃权论处。若运动员在检录开始时正在进行其他项目的比赛，本队教练员或领队须告知检录员并确认情况，否则按弃权论处。

二、检查

点名后的运动员必须接受对有效证件、身体、服装和护具的检查，不得携带任何可能给对方造成伤害的物品。检查员由组委会指定专人担任，运动员应无条件地积极配合。

三、进入指定位置

检查合格后，运动员和一名教练员、一名领队、一名随队医生进入比赛场地指定位置，准备进行比赛。

第二条　比赛前的程序

每场比赛开始前均按以下程序进行。

一、入场

两个参赛队的所有运动员分别站在指定的位置，由宣告员逐个

介绍入场（秩序册中列在前的队为红队，列在后的为黑队），成两路纵队分别站在对战区中轴线两侧。再由宣告员介绍本场主裁判入场。

二、授旗

由双方领队或教练员给各自的比赛队授队旗。

三、敬礼

在主裁判员口令下，双方全体队员相向而立，向前迈出一步，以脚斗士基本姿势——膝部轻触的方式（触膝礼）相互致礼。

四、退场

双方队员回到各自随队人员席，安插好队旗，准备比赛。

第三条　进入比赛的程序

一、比赛的开始

赛前15分钟双方教练员必须确定（车、马、炮、象、将）队员名单，以及比赛第一局的出场队员名单。名单确定报送记录台后，均不得更改。未能确定或拒绝确定的，按弃权判罚。在主裁判员发出"入场"口令后进入到比赛场地，在"预备""开始"口令和手势后，比赛正式开始，计时员开始计时。

二、比赛开始后的规定

在比赛中，每队除比赛队员外，其他队员、教练员及随队人员到营地随队人员席就座。教练员只能在靠近本方营地的对战区边界线外指挥，不得随意走动影响裁判员执裁和比赛进程。

第四条　比赛的局数、时间设置和胜负判定

团体赛以场和局的形式进行比赛。

一、局数及时间设置

（一）一场团体赛，每局90秒，局间不设休息时间。每局比赛过程中，计时员应根据主裁判员的手势停表，并在主裁判员的示意下继续开表比赛，每局打满90秒。

（二）当一方只剩一名运动员，无其他队员可替换时，如遇连场，中间可休息1分钟。

（三）每场团体赛局数不定，到一方的"将"失败为止。

二、胜负判定

一场脚斗士团体赛，由红黑双方各5名队员（车、马、炮、象、将）组成，由教练员指派上场队员。在一对一的对抗中，以一局90秒（不限分值）的比赛方法进行比赛，每场比赛到一方的"将"被击败为止，最终按照比分累计的方法判定全场比赛的胜负。若单局比分相同，则见"第九条　团体比赛的胜负及名次的判定"。

第五条　队员出场顺序和限制

一、出场顺序

（一）赛前15分钟双方教练员必须确定（车、马、炮、象、将）队员名单，以及第一局比赛的出场队员名单，名单确定并报送记录台后，均不得更改，第一局比赛开始时双方队员同时出场。

（二）从第二局开始，由场上总比分领先的一方先举牌示意下一局出场队员；若总比分相等，则由上一局获胜的一方先举牌示意下一局出场队员。

二、限制

（一）比赛中失败的队员，不得再进行本场的比赛。

（二）"将"只有在本方其他队员全部失败或总比分落后5分以上（包括5分）的情况下方可提前出战。

（三）因违规或严重犯规被罚下场的队员不得在突然死亡法中上场比赛。

第六条　违规、犯规和失败的表现与判罚

一、违规

（一）违规的表现

1. 用非支撑脚脚掌、脚尖和脚后跟进攻对方。
2. 主动用头颈部进行攻防。
3. 利用手、肩、肘、臂、躯干等部位攻击对方。
4. 将手置于非支撑腿膝关节处进行攻防。
5. 手抓握、扣握比赛服装、鞋帮、袜子、鞋带等附着物进行攻防。
6. 在主裁判员做开始手势前进攻。
7. 3秒违规（主裁判员口语或手势后3秒未完成动作等）。
8. 不文明行为。

（二）违规的判罚

一场比赛中，任一方单局违规累计达3次时，从第3次开始，每违规1次，判对方得1分。单局累计违规次数达到6次，则判该队员失败；任一方全场违规累计达12次时，则判罚该队全场失败。

［注］团体赛中局与局间的违规重新计算。

二、犯规的表现与判罚

（一）攻击对方头部，判严重犯规，对方得3分。

（二）严重违反体育道德的行为，判严重犯规，对方得3分。

（三）违反体育道德的不文明行为，判严重犯规，对方得3分。

（四）比赛中运动员示意自己被击中头部，经确认为假示意者，判技术性犯规，对方得3分。

（五）对对手故意违规，判技术性犯规，对方得3分。

一场比赛中，任何一方单局犯规次数先达到2次，则判罚该队员失败；任一方全场犯规累计达5次时，则判罚该队全场失败。

一场比赛从进入比赛过程开始，任何进入到赛场的运动员、场下队员、教练员及随队人员都必须遵守和执行规则的规定。如有任何违反规则和不得体的行为，主裁判可对教练员进行一次警告，在警告之后该队任何人再次出现此情形，主裁判可判其教练员技术性犯规（此犯规记录在教练员名下）。一场比赛中教练员出现两次技术性犯规，则取消该教练员的资格，被取消资格的教练员应立即离开赛场，若教练员不服从判罚且不离开，主裁判可判本场比赛该队失败。

任何时候出现情节特别严重的犯规（如袭击裁判员、对裁判员有挑衅性的举动或造成严重后果的犯规），均可直接取消该场比赛资格（失败）并依据《脚斗士运动员管理条例》给予处罚。

三、失败的表现与判罚

（一）支撑脚全脚掌出界（四条边线之外），判失败，对方得3分（对方如果是"将"，得4分）。

（二）支撑脚踝关节以上部位着地，判失败，对方得3分（对方如果是"将"则得4分）。

（三）单局比赛内交换支撑脚，判失败，对方得3分（对方如果是"将"则得4分）。

（四）双手均未能握住非支撑腿小腿及以下部位，判脱手，对方得1分。

（五）非支撑腿同侧手单手握脚时，手臂在膝关节外侧且双腿未成交叉，判脱手，对方得1分。

（六）同侧手单手握脚且手臂在膝关节内侧时进攻，判脱手，对方得1分。

（七）运动员比赛消极，判消极，对方得1分：

1. 在裁判员示意进攻并读秒（3秒）后未进攻。

2. 同一片段中出现"消极—进攻—消极"。

3. 比赛中运动员举手示意（裁判员）暂停（含鞋脱落，示意整理服装、鞋、护具等）。

4. 带伤和因伤治疗后上场的运动员，比赛中示意暂停（运动员受伤需接受医务治疗时：个人赛为5分钟、团体赛为1分钟）。

5. 比赛中为确保运动员安全，出现未按规定佩戴比赛护具，未按规定着装、鞋带脱落等情况，裁判员示意暂停比赛，提醒运动员改正并判罚消极。

（八）双方同时失败（同时出现出界、倒地、成非交叉、假摔等）不判罚。

四、可纠正的判罚

如果仅在下述的情况下某条规则被无意地忽视了，助理裁判员确定有误时应及时予以叫停，告知主裁判员，并由主裁判员做出最后判决：

（一）不正确地判给得分、或取消得分、或记录错误。

（二）未按违规失分规定执行。

（三）漏判。

［注］出现上述失误，它们必须是在失误后并且开动了计时钟之后的第一次停表，并且在新一次开表前被发现，这段时间是可纠错时间段。

在可纠错时间段之后，之前已发生的任何错误违规、犯规、得分、消耗的时间和附加的活动等均保持有效。主裁判员在记录表上签字后，可纠正的失误就不能被纠正。

第七条　比赛的暂停与结束

比赛中，主裁判员叫停时，计时钟暂停，并根据宣判继续计时比赛或复位计时钟。每局比赛时间到的锣声响起时每局的比赛结束。

一方的"将"被击败，则全场比赛结束。

第八条　终止比赛的判罚和退场仪式

一、终止比赛的判罚

（一）KO胜

比赛中被对方以正当的攻击打倒后，在10秒钟内不能恢复比赛，或主裁判员判断被击倒者难以继续比赛，这时判对方"KO"胜。

（二）优势胜

在比赛中主裁判员判定一方运动员实力明显强于对手时，则判"优势胜"。

（三）终止比赛胜

运动员受伤（非对方犯规），经现场医务人员诊断，不能继续比赛时应立即终止比赛。若诊断为接受治疗后可以继续比赛时，治疗和处理伤口的时间为5分钟：

1. 即使5分钟未到，医务人员已完成治疗和处理，在征得医务人员同意后，主裁判员有权开始比赛。不服从主裁判员继续比赛的命令时，可判终止比赛，另一方获胜，总比分加21分。

2. 在倒计时5分钟后未能完成治疗和处理，或受伤者仍不能上场比赛时，主裁判员为确保安全，有权终止比赛，并判终止比赛，另一方获胜，总比分加21分。

（四）比分胜

每场比赛由一方将另一方的"将"击败为止，且总比分领先，则判"比分胜"。

（五）对方弃权胜

1. 在预定的开始时间后1分钟，一方无故在规定时间未到场或在主裁判员通知后拒绝比赛时，判另一方获得弃权胜，主裁判员有权宣布另一方以"0∶0"对方弃权获胜。

2. 比赛中，一方主动提出放弃单局比赛，另一方总比分加21分。若放弃全场比赛，放弃者比分落后，则以实际比分记录；若放弃者比分领先，则以0分判其负。

3. 若双方在比赛过程中同时提出弃权，则以"0∶0"判双方均负。

（六）对方失去资格胜

运动员未能按脚斗士比赛要求着装或佩戴护具时，主裁判员可拒绝或终止其进行比赛，并有权宣布另一方获胜，总比分加21分；如一方参赛资格不符合规定，则另一方获得"失去资格胜"。

（七）严重犯规胜

一场比赛中，任何一方单局犯规次数先达到2次，则判罚该队员失败；任一方全场犯规累计达5次时，则判罚该队全场失败。

任何时候出现情节特别严重的犯规（如袭击裁判员、对裁判员有挑衅性的举动或造成严重后果），可直接判罚取消本场比赛资格（失败），并依据《脚斗士运动员管理条例》给予处罚。

（八）突然死亡法胜

1. 比赛过程中通过对两名场上队员的比分、犯规、违规、体重等情况的比较均无法判定胜负而出现需要使用"突然死亡法"时，则指定该局的两名场上队员进行对抗，不设比赛时间，先获得3分的队员获得该局比赛的胜利，且将其得分计入总分。

2. 当比赛最后（即"将将"对抗通过比分、犯规、违规、体重均无法判定胜负或一方全部战败且总比分领先）出现需要使用"突然死亡法"时，则规定由双方教练员指派5名队员中任意一位进行对抗，不设比赛时间，先获得3分的队员所在代表队获得全场比赛胜利，且得分计入总分。因违规或严重犯规被罚下场的队员不得在突然死亡法中上场比赛。

其他未做说明部分参照个人赛规则执行。

二、退场仪式

全场比赛结束时，由主裁判员召集双方运动员到其两侧，宣判比赛结果。之后双方各成一路纵队，相向逐个击掌致礼后退场。

第九条 团体比赛的胜负及名次的判定

一、一局比赛中胜负的判定

比赛以计分方式判定胜负，一局90秒，比分高的一方获得单局的胜利；若分值相同，则判犯规次数少的一方获胜；若犯规次数相等，则判违规次数少的一方获胜；若违规次数相等，则判体重轻的一方获胜；若仍相同，则双方进行突然死亡法决出胜负。

二、一场比赛中胜负的判定

每场比赛由一方将另一方的"将"击败，且总比分领先，则获得整场比赛的胜利；若总比分相同，则判有剩余队员的一方为获胜方；若一方队员全败，但总比分领先，则双方进行突然死亡法决出胜负。

三、按比赛场次的胜负记录排列名次

胜一场得2分，负一场得1分，弃权一场（告负）得0分。积分高的队名次列前。

如果在这个排列中两支队伍积分相等，则将两队之间比赛的胜者列前。

如果有3支队伍或3支以上积分相等，则首先看他们之间的胜负场次，胜场多者列前；若相等，则以他们之间比赛得分率（总得分/总失分）高低确定名次，得分率高者名次列前；若得分率相等，则以

他们之间比赛总犯规次数多少来确定名次，次数少者名次列前；若再相等，则以违规次数多少确定名次，次数少者名次列前；若违规次数再相等，则以总体重轻的一方名次列前；再相等，则抽签决定名次。

脚斗士的竞赛裁判法（2017）

第一章 裁判员应具备的条件

脚斗士竞赛裁判工作是脚斗士竞赛的重要组成部分，裁判员工作水平的高低直接关系到比赛能否顺利进行及各参赛队水平的正常发挥。裁判工作在比赛过程中具有组织、教育、宣传和推动脚斗士运动发展的作用。

每位裁判员都应具备相应的能力和水平，以完成所担负的裁判任务。裁判员应具备下列条件。

一、热爱脚斗士运动，有敬业精神。不图名利，不计较个人得失。遵守《裁判员守则》。在裁判工作中做到"严肃、认真、公正、准确"。

二、精通脚斗士竞赛规则，正确理解规则的精神实质和含义。在裁判工作中严格而准确地执行规则，及时处理出现的各种问题。

三、刻苦钻研和实践，掌握脚斗士竞赛裁判工作的规律和特点。在实践中发现问题并解决问题，不断提高裁判工作的能力，更好地适应脚斗士运动的发展。

四、遵守各项规章制度。互相支持，搞好团结。

五、经常进行体育锻炼，保持身体健康，以适应脚斗士比赛时间长、场次多且集中、强度大等裁判工作特点。

六、在脚斗士比赛中，裁判员除具备上述条件外，还应做到以下几点：

（一）严格遵守比赛时间。

（二）衣着整洁，仪表大方，文明礼貌，平易近人。

（三）执行裁判工作时精神集中，做到准确到位，避免错判和漏判。

（四）口令洪亮，吐字清晰，有感染力，动作规范，移动积极。

（五）谦虚谨慎，互相学习，耐心听取意见，不说长道短，严以律己。

第二章 裁判工作的组织和裁判人员的职责

大型正式比赛，应在国际脚斗士协会的领导下，设立由仲裁委员会、技术委员会和竞赛裁判组组成的大赛竞赛委员会。大赛竞赛委员会与其他部门相互配合工作。

一、人员组成

（一）仲裁委员会
仲裁主任1名；仲裁委员2至4名。
（二）技术委员会
技术代表1至3名。
（三）竞赛裁判组
总裁判长1名；副裁判长1至3名；编排裁判长1名；执行裁判长2至多名（根据比赛场地和赛程安排的情况而定），裁判员多名，助理裁判员多名；检录裁判长1名；赛后管理裁判长1名；赛事解说员1至2名。

二、裁判工作的组织

（一）每个场地设1到2个裁判组，每个裁判组包括执行裁判长（组长）1名、裁判员3至5名。

（二）每个场地设1个记录台，由当场裁判组的执行裁判长、赛事解说员1名和4至5名助理裁判员组成。

（三）每场赛事设1个检录组，由1名检录裁判长和4至5名助理裁判员组成。

（四）编排记录组可设在大赛竞赛委员会，也可设在竞赛裁判组，由编排裁判长（组长）1名和助理裁判员4至5名组成。

三、裁判员的职责

（一）总裁判长的职责

1. 全面主持裁判工作。
2. 赛前制定裁判工作计划。
3. 完成总裁判长的分工。
4. 受组织委员会委托，主持抽签或指派副总裁判长主持抽签。
5. 组织裁判员进行赛前的学习和实习。
6. 与组织委员会保持联系，及时解决有关问题。
7. 任命裁判组执行裁判长（组长），进行裁判员分工。
8. 宣布裁判工作的各项规章制度与纪律要求。
9. 根据实际需要研究制定本届比赛有关裁判工作的临时规定及措施，报大会组委会通过后执行。
10. 检查场地器材及一切裁判用具的准备情况。
11. 检查并奖励各裁判组、裁判员以及其他裁判工作人员的工作。
12. 代表裁判委员会参加大会组委会的会议。
13. 主持裁判长、教练员联席会议，介绍本届比赛有关裁判工作及比赛过程中的注意事项，对规则中无明文规定的问题做出决定，并解答有关问题。
14. 主持写出裁判工作总结。

（二）副总裁判长的职责

1. 协助总裁判长完成各项裁判工作。
2. 负责裁判组有关的业务工作。
3. 负责记录台和编排记录组各阶段工作。

（三）执行裁判长（组长）的职责

1. 根据总裁判长的要求，组织本组裁判员的学习和实习。
2. 根据比赛日程和参赛队的情况，安排本组裁判员每日、每场的分工，并事先报总裁判长审核。

3. 每日、每场赛前检查场地和用具。

4. 及时做好每日裁判工作小结,抓好本组裁判员的思想工作,关心本组裁判员的生活。

5. 负责本组的事务性工作(包括领取和保管裁判工作用具等)。

6. 遇有难解的重大问题,应及时向总裁判长报告。

7. 竞赛中的工作职责:

(1)协调场上裁判员的工作。

(2)细心观察比赛的整个过程,并根据规则评判执行裁判组及其他成员的工作行为。

(3)当场上主裁判员、助理裁判员的判罚出现分歧时,执行裁判长有权决定比赛的结果。

(4)场上主裁判员发生明显错判时,总裁判长和执行裁判长有权暂停比赛,询问场上主裁判员(边裁)做出该决定的理由;在总裁判长、执行裁判长与场上主裁判员协商后,如得到支持意见的多数票(2∶1),可立即更改决定。

(四)裁判组人员的职责分工

裁判组应由以下人员组成:执行裁判长(组长)、临场主裁判员、边裁、比分操控员、记录员、宣告员、临场医务人员。

1. 场上主裁判员的职责

(1)裁判员必须受到运动员的尊重并对运动员拥有绝对权威,以使运动员场上能立即执行他的命令和指示;在裁判员执法比赛时,不允许场外有任何不适宜的干涉。

(2)执裁中的主裁判员应与其他裁判员密切配合,履行监督比赛的职责并使比赛免受外界的干扰或冲击。通过手势和口令开始、暂停和结束比赛。

(3)运动员出界、倒地、违规、犯规后,主裁判员应立即做出判罚。

(4)在场上执裁时,根据运动员的移动情况不停地变换自己的位置,避免背对主席台。取位与比赛运动员保持等腰三角形。

（5）注意事项：

比赛过程中，出现运动员受伤时，主裁判员可立即中断比赛，并遵循以下处理程序：

① 主裁判员发出口令，做暂停手势，比赛暂停，比分操控员立即停表，受伤运动员经治疗上场后，比赛由暂停时间处继续开始。

② 即使只受轻伤，只要主裁判员认为有必要，受伤运动员必须立即停止比赛，到场下接受治疗。受伤运动员在5分钟内不能再战时即可判其负。

③ 由严重犯规行为造成对方受伤，5分钟后不能恢复比赛，判犯规者负。

2. 边裁的职责

（1）边裁应履行规则规定的所有职责。

（2）边裁必须集中精力观察比赛的全部过程，尤其是当主裁判员观察视线受到遮挡时，边裁有权向主裁判员示意出界、进场、违规等客观违规现象。

（3）边裁应依据主裁判员移动的位置适时地调整自己的观察位置。

（4）因观察角度导致主裁判员做出错误的判罚时，边裁应及时做出相应手势通知主裁判员，并与主裁判员协商达成一致意见。

（5）边裁应对团体赛各队车、马、炮、象、将的身份进行确认，管理双方教练员及队员的行为，确保不对比赛造成影响。

（五）记录台人员设置及职责

1. 记录台人员

执行裁判长1名、比分操控员1至2名、宣告员1名、记录员1至2名、赛事解说员1名。

2. 记录台人员位置

在对战区第一边界线向外2米处居中位置，面向对战区。比分操控员、记录员、宣告员、执行裁判长、赛事解说员由左至右依次就座。

3. 记录台设备

脚斗士比分操控电脑1台、记录表一式3份、翻分器1个、铜锣1面、摇铃1个、秒表1只、手持麦克风2个、手举牌（局数、时间到、红方胜、黑方胜、暂停等）一套。

4. 记录员的职责

（1）记录员负责将两队比赛中的得分、违规、严重犯规和最终比分填写到记录表中；在个人比赛中，当一方首先达到或超过15（21）分时，记录员应立刻通知宣告员发信号告知主裁判员。

（2）记录员应掌握竞赛规则，并负责记录、签字及交送记录表等工作。

（3）记录员应对裁判员判罚的手势、语言等做出准确的判断和理解，并记录在脚斗士竞赛记录表的相应位置。

（4）记录表不允许涂改，一旦写错需要改动，必须由执行裁判长确认后方可进行，并在改动处签名。

（5）记录表格（个人赛表、团体赛表）一式3份，组委会、参赛双方各1份。

（6）在团体比赛开始前15分钟，及时通知双方教练员填写一份队员信息记录单，以确定本场比赛所有队员身份和第一局上场队员。此表上交记录台后不得修改，并确保赛前此表的保密性。

5. 比分操控员的职责

负责计时及比赛中的比分、违规、犯规等显示。要随主裁判员"暂停""开始"的手势精确计时。口语提醒记录员记录违规、严重犯规及失败队员，并在时间快结束时提醒宣告员准备敲锣宣布时间到。

6. 宣告员的职责

介绍赛会概况，宣布每场比赛级别、场次，介绍临场裁判员、双方运动员和比赛结果，并负责比赛开始和结束时的摇铃和敲锣工作。

7. 解说员的职责

熟悉脚斗士竞赛规则及裁判法，具有一定的语言表达能力，适时介绍脚斗士比赛的基本知识及竞赛特点，适当介绍运动员及运动队的基本情况、各单元比赛结果及全场比赛结果。

（六）检录员的职责

1. 点名：每场比赛开始前30分钟进行第一轮点名，第二轮点名在第一轮点名之后立即进行，即连续点两次。两轮点名结束均未能到场检录者，按自动弃权论处。比赛时间开始1分钟后未能上场比赛者，按自动弃权论处。若运动员在检录开始时正在进行其他项目的比赛，本队教练员或领队须告知检录员并确认情况，否则按弃权论处。

2. 检查：点名后对运动员的身体、服装和护具进行检查，不得携带任何可能给对方造成伤害的物品。检录员由组委会指定专人担任，运动员应无条件积极配合。

3. 入场：检查合格后，在检录员的安排下，运动员和一名教练员（随队医生一人）进入比赛场地指定位置，准备进行比赛。

（七）临场医务人员的职责

1. 当脚斗士比赛组委会医务代表认为运动员有危险时，有权随时通过执行裁判长终止比赛，同时也有权宣布不适宜继续比赛的一方运动员立即停止比赛。

2. 如果运动员受伤，场上裁判员必须立即请求医生介入，由医生判断受伤是否真实。如果医生确定运动员的受伤是伪装的，场上主裁判员在征得裁判长同意后可对其实施惩罚（判违规或判失败）。

3. 如果运动员确实受伤，医生应在限定的时间（5分钟）内对其进行必要的治疗，并决定该运动员能否继续比赛。

4. 如果没有大会医生，场上裁判员对一场比赛的暂停时间最长可达5分钟；运动员受伤的真实性由执行裁判组与医务服务组交流后进行判断；比赛计时员应在暂停时间累计达到1分钟时宣告一次。

5. 暂停时间到4分50秒钟时，场上裁判员必须将双方运动员召集到场地中央。如果运动员主动终止比赛，则其对手获得胜利。

第三章 临场裁判工作

一、上场前的准备

（一）提前1小时向组织者或技术代表报到，提前30分钟到达比赛场地。

（二）以良好的身体和精神状态，换好官方要求的服装后做热身准备活动。

（三）检查服装，仪表整洁，不得携带可能对选手造成伤害的物品（手机、手表、金属物品等）。

（四）赛前主裁判员检查场地及设备，监督比赛队热身。两名边裁检查各队队员的各种着装和护具是否符合规则要求。主裁判员检查记录表，赛前15分钟教练员要确认本队的车、马、炮、象、将并签字。

（五）集中注意力，排除干扰。

二、进入场地

（一）精神饱满，自然大方，不卑不亢。

（二）观察双方运动员和教练员等是否就位，服装是否符合规则要求。

（三）发出口令并以手势指挥双方上场。

（四）口令和手势要求：

1. 严格按竞赛规则的要求使用口令，做出手势。
2. 及时、准确、清晰地表达自己的判断（但不能夸张），口令要洪亮、果断，动作要敏捷、干脆，应避免与运动员有身体接触。
3. 尽量减少中断比赛，不要做不必要的、多余的手势。
4. 发口令或做手势时都要威严自信，表情自然。

（五）站位与移动：

1. 根据比赛的级别、身高等情况与运动员保持一定的距离，注意不能距运动员太近或太远，以不影响运动员正常发挥水平为原则。

2. 根据场上情况不断移动位置，移动时要迅速、敏捷，步法灵活。

3. 不允许从正在比赛的双方运动员中间穿过。

三、主裁判员对违规判罚的指导原则

根据规则总的精神，主裁判员应在执裁过程中倡导公平竞争的精神，保护运动员的安全，保证运动员技术水平的发挥和比赛的顺利进行。主裁判员的任何判罚都应该遵循这个精神，主要应视以下几个方面的情况做出合理的判罚。

（一）从重原则

根据规则的精神，原则上对有意和故意的违规和犯规给予较重的判罚。

（二）有先有后

比赛中，无论是正常的发挥技术或出现犯规，都存在严格的时间概念。例如，攻击行为中的击中头部，一方运动员跳起攻击对方躯干，另一方运动员采用下蹲躲避进攻，造成攻击部位不准而击中头部。这种情况属于合理进攻在前，犯规结果在后，下蹲运动员应负主要责任，主裁判员应根据后果给予相应的处罚。

（三）有利无利

主裁判员的判罚应针对犯规一方，要有利于公平竞争，有利于运动员技术水平的发挥，有利于比赛的顺利进行。例如对因违规使对手出界的判罚，若是远边线的队员犯规，则采用回站位点继续比赛的判罚，不能让不合理的违规带来利益。

（四）及时准确

主裁判员对违规应坚决及时地按违规规定执行。如不判违规，就

说明违规程度不够处罚标准。主裁判员不应出现莫明其妙、模棱两可的判罚。

（五）同一片段

主裁判员执裁时应精神集中，将注意力同时集中在两名运动员身上，尤其是当一方在进攻时，注意力不能仅在被动方。例如，一方在大力进攻击倒另一方的同时由于发力过猛导致自身脱手，这种情况属于同一片段，主裁判应对双方均进行合理判罚。

四、比赛中对违规和胜负的宣判

比赛中对违规和胜负进行宣判时，应首先立即暂停比赛，将运动员分开。

（一）违规判罚程序

暂停—落位—判违规—重新开始比赛（根据违规情况判定比赛开始的位置）。

（二）宣判胜负的程序

1. 个人赛中宣判胜负的程序：暂停—落位—宣判××方胜—退场。

2. 团体赛中决胜局前宣判胜负的程序：暂停—落位—宣判××失败—退场。

3. 团体赛中决胜局的宣判程序：暂停—落位—宣判××失败—双方全体队员入场—宣判本场比赛××方胜—退场。

五、比赛中的休息与退场

（一）主裁判员休息时应在指定位置（第三边界线中点外0.5米处），面向比赛场地站立，神态严肃自然。

（二）宣判比赛结果。

（三）比赛结束审验记录表，签名确认后方可退场。

第四章 裁判员执裁的主要手势

一、赛前（礼节）的基本手势

（一）运动员入场（口令：预备—入场—敬礼）

主裁判员站在对战区主裁位置，两臂侧平举，掌心朝上，指向双方运动员（图2），发出"预备"的口令。屈肘90°，前臂上举，掌心相对（图3）发出"入场"的口令。在双方到达站位点的同时，两臂屈肘向内下压平举于胸前，双手由掌变拳，拳心向下，拳峰相对，同时发出口令"敬礼"（图4）。

图2 "预备"

图3 "入场"

图4 "敬礼"

(二)落位(口令)

两臂侧下举,掌心向下,分别指向运动员站位点,同时发出"落位"的口令(图5)。

图5 "落位"

(三)退场(口令)

两臂胸前平屈,再伸直侧平举,向上屈腕,掌心向外,同时发出"退场"的口令(图6)。

图6 "退场"

二、比赛中的手势

(一)基本手势

1. 预备:双方队员进入区域后,主裁判员右腿后撤半步,前腿微屈,后腿伸直,成弓步,同时左臂自然下垂,右臂前平举,掌心朝上,同时发出口令——"准备"(图7)。

图7 "准备"

2. 开始：双方队员准备完毕后，主裁判员手掌逆时针旋转90°并稍下压，小指侧与地面垂直，同时发出口令——"开"（图8）。

图8 "开"

3. 读秒：一手握拳屈肘平举于胸前，然后向右伸直手臂，同时按从拇指到小指的顺序依次伸出五指，先后分别内向外伸臂，开始读秒——"1、2、3、4、5"，并显示给运动员（图9）。

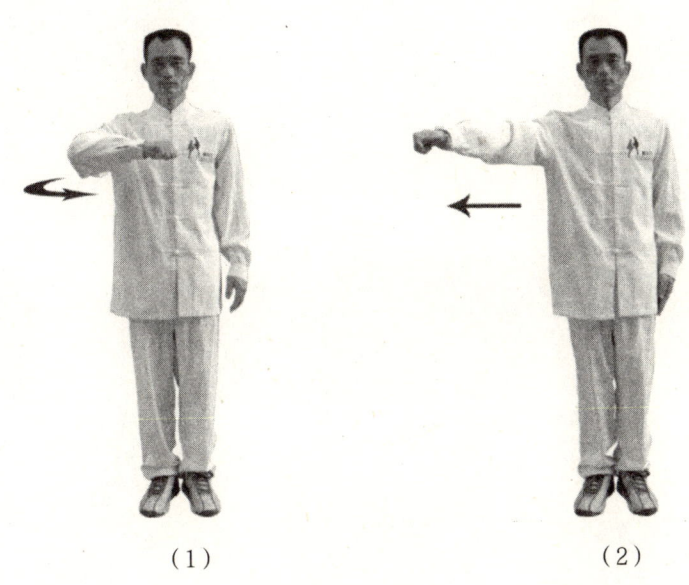

（1）　　　　　　　　（2）

图9 "读秒"

4. 暂停（停表）：主裁判员左腿向前半步微屈膝，右腿伸直成弓步，左臂下垂于体侧，右臂向前斜举，手指并拢，掌心向左插入两名比赛队员中间，同时发出口令——"停"（图10）。

图10 "停"

5. 失败：主裁判员以手势和语言告知失败队员。靠近失败方一侧的手臂向斜下方伸直，掌心向上（图11）。同时发出口令——"×方败"（如"红方败"）。

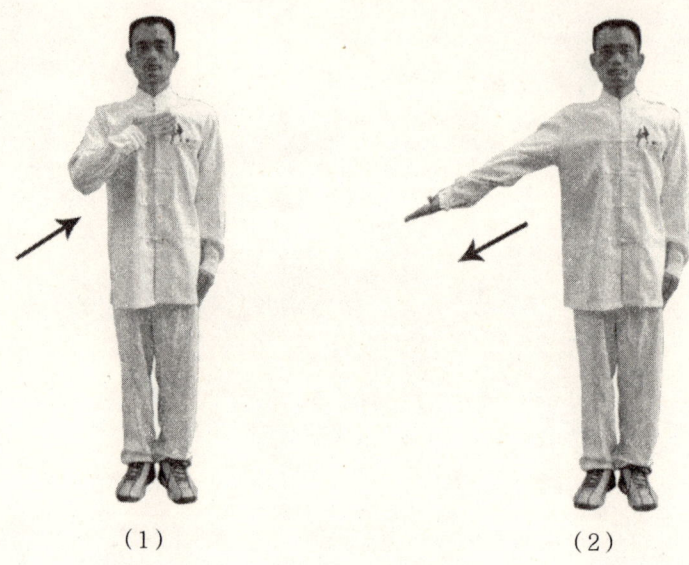

（1） （2）

图11 "×方败"

6．获胜：主裁判员以手势和语言告知获胜的队员。靠近获胜方一侧的手臂斜上举成45°，掌心向上（图12）。同时发出口令——"×方胜"（如"红方胜"）。

图12 "×方胜"

7. 宣布比赛结果：比赛结束，主裁判员双臂伸直掌心向下指向运动员站位区，示意双方运动员进入站位区（面向主席台）。主裁判员走到运动员中间，面向主席台，高举靠近获胜方运动员一侧的手臂，同时发出口令——"×方胜"（如"红方胜"）。团体比赛要换口令为"×方×队胜"。

（二）违规、犯规手势

1. 非法进攻（违规）：先暂停，面向犯规队员成立正姿势，左臂伸直，五指并拢掌心向下，指向违规方躯干部位，右臂握拳屈肘于胸前，拳心朝下，同时发出口令——"非法进攻"（图13）。

图13 "非法进攻"

2. 脱手：面对被警告方，两上臂自然垂直且前臂位于胸前交叉向身体中线倾斜45°。双手握拳，右手握在左手手腕处后，两前臂迅速向上、下（外）方打开与身体中线成60°夹角，前臂与地面平行，同时发出口令——"脱手"（图14）。

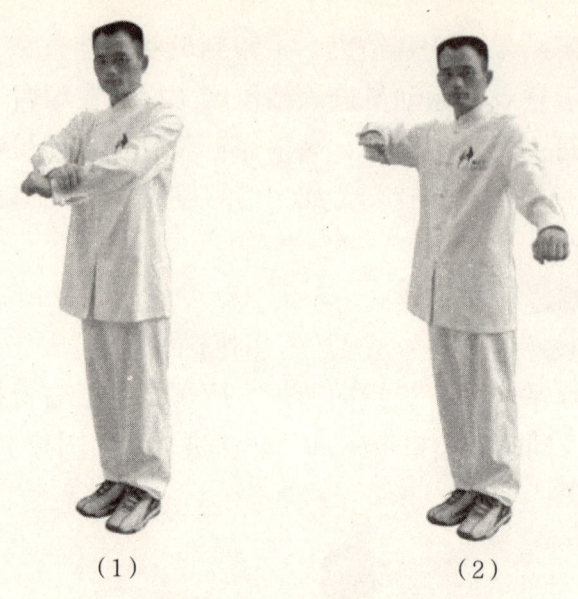

（1） （2）

图14 "脱手"

3. 界外：立正于边线一侧，脚尖平行于边线，手臂伸直，五指并拢，对准边线前后挥动手臂一次，同时发出口令——"界外"（图15）。

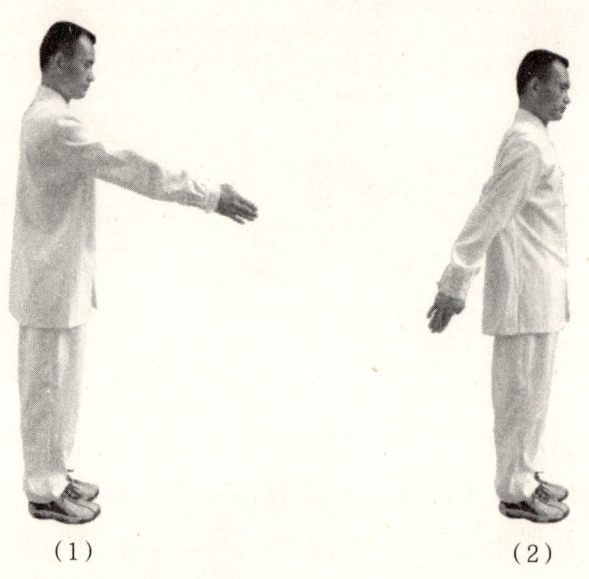

（1） （2）

图15 "界外"

4. 不文明行为：面对违规方，左臂向前伸直，五指并拢，掌心向下，指向违规方躯干部位；右臂屈肘抬起，将食指放至嘴前由内向外伸直手臂，立起食指，同时发出口令——"不文明行为"（图16）。

（1）　　　　　　　　　（2）

图16 "不文明行为"

5．双方犯规：两手握拳，两前臂交叉于胸前，同时发出口令——"双方犯规"（图17）。

图17 "双方犯规"

6. 3秒违规：面向犯规队员成立正姿势，左臂侧平举，五指并拢，掌心向下，指向犯规方躯干部位；右臂抬起，屈肘成90°，立掌上举于体前，拇指、食指、中指三指张开，掌心朝向违规队员，同时发出口令——"三秒违规"（图18）。

图18 "三秒违规"

7. 各违规一次：面向队员，两臂屈肘90°上举于体侧。两食指竖起，其余手指握拳，同时发出口令——"各违规1次"（图19）。

图19 "各违规1次"

8. 严重犯规：主裁判员以手势和语言告诫犯规队员。先暂停，面向犯规队员成立正姿势，左臂前平举，五指并拢，掌心向下，指向犯规方躯干部位；右臂上举手握拳，拳心朝向犯规队员，同时发出口令——"×方犯规"（如"红方犯规"）（图20）。

图20 "×方犯规"

9. 无效：双臂伸直在体前交叉两次，掌心向下，同时发出口令——"无效"（图21）。

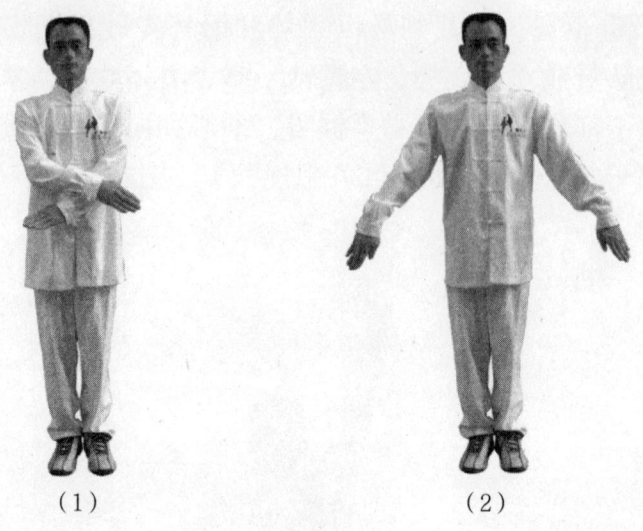

图21 "无效"

10. 消极：主裁判员以手势和语言告诫消极队员。先暂停，面向消极队员成立正姿势，靠近消极方一侧的手臂伸直，五指并拢掌心向下，指向犯规方躯干部位；另一手臂弯曲，五指并拢，手掌置于胸口处，掌心朝另一侧之后，指向消极方的手臂收回，握拳指向另一手掌心，同时发出口令——"×方消极"（图22）。

图22 "×方消极"

第五章　裁判技巧

一、临场执裁技巧

（一）比赛中，场上主裁判员必须照顾到场上的一切情况（两名队员），根据比赛队员的位置，必须观察对战区上队员的行为动作。每次判罚后，只有主裁判员可进行宣判，尽可能地与记录台建立目光联系，以免发生宣判未被记录员记录的情况。

（二）如果队员运用规则不允许的技术动作，必须及时宣判违规或犯规。

（三）对违规或失败队员要做出清晰的手势，并让失败的队员尽快离开比赛场地，同时与记录台建立目光联系确认失败的队员。要有一定的预见性，注意随时可能出现的违规和犯规动作。

二、手势、口语和程序

（一）主裁判员须使用清晰、准确的口语进行宣判（有条件的情况下使用无线话筒）。

（二）违规或犯规的口语宣判只一次，要干脆、洪亮，并让记录台工作人员及全场人员都能听清楚。

（三）口语宣判的同时要做出与口语宣判相匹配的手势。

（四）两名边裁对各自管理区域内出现的队员违规和犯规行为不做出判罚手势，在主裁判员需要帮助时必须迅速地做出手势以告知主裁判员。

（五）出现严重犯规时的判罚：运动员使用不允许的技术给对方造成伤害、出现严重不文明行为，以及教练员、随队人员有严重不文明行为，或对裁判员进行不得体行为时，可以直接判罚犯规队全场比

赛失败。

第六章　对裁判员的处罚

在收到竞赛代表的报告后，由脚斗士联合会执委会组成的最高仲裁机构有权对犯有技术性等错误的裁判员及裁判组给予以下处罚：

一、给有关的裁判员或裁判组一次警告。

二、取消裁判员或裁判组本次比赛的执裁资格。

三、裁判员降一级技术等级。

四、暂停其裁判工作。

五、取消裁判员资格。

脚斗士的竞赛与组织（2017）

第一章 脚斗士竞赛的意义与种类

一、总论

组织脚斗士竞赛是推动脚斗士运动发展的有力措施之一,也是检验脚斗士教学和训练效果的重要手段。通过脚斗士竞赛进行国际交流,不仅可以增进世界各国人民的友谊,而且对于传播中华民族传统体育文化也具有非常重要的作用。此外,脚斗士竞赛还可以提高参与者的自我认识能力和自信心,增强竞争意识和团队精神。因此,脚斗士竞赛的意义是非常重大的。

二、我国开展脚斗士竞赛的意义

脚斗士是中国原创的民族体育项目,因此我国是开展脚斗士运动的主要阵地。组织脚斗士竞赛是体育活动的主要内容之一,是推动脚斗士运动发展的重要措施之一,成功举办脚斗士竞赛对促进脚斗士教学工作的开展也具有重要意义。

三、脚斗士竞赛的种类

脚斗士竞赛可分为俱乐部联赛、锦标赛、精英赛、杯赛、邀请赛、友谊赛、选拔赛等。主办者可根据需要举办各种类型的比赛。

第二章 脚斗士竞赛的组织工作

一、竞赛工作的程序

（一）脚斗士竞赛组织工作的重要性

1. 脚斗士竞赛组织工作是对竞赛的策划、组织、调控，这是竞赛组织者的主要工作之一。

2. 脚斗士竞赛组织工作是对竞赛组织工作的具体操作与实施，这是竞赛部门的主要工作之一。

（二）脚斗士竞赛的组织

1. 成立脚斗士竞赛组织机构

组织比赛时，首先要依照规定成立组织委员会（简称"组委会"），使之成为一次比赛的权力机构，在组委会的领导下，保证竞赛的各项工作正常进行。各职能组织的职责如下：

（1）组织委员会办公室：它是竞赛的领导机构，负责制定、执行竞赛计划，审查和协调各组织的工作以及总结工作等。

（2）仲裁委员会：负责监督和保证竞赛规程、竞赛规则的正确执行，复审和裁决比赛期间在执行规程和规则中发生的纠纷并报告组委会。

（3）竞赛处：负责竞赛的组织编排及有关竞赛事宜，负责裁判员的学习和分工。

（4）后勤处：负责比赛的场地、器材和设备等相关事宜。

（5）宣传处：负责宣传报道和思想教育。

2. 制定竞赛规程

竞赛规程是指导竞赛者和参加者的文件，在竞赛前由主办单位根据比赛的目的、任务制定。它是竞赛工作顺利进行以及报名参加的依据，因此，要尽早地发给有关单位，以便做好赛前的准备工作。脚斗士竞赛规程要简明扼要，一般包括以下内容。

（1）名称：根据脚斗士竞赛的任务提出比赛的名称。

（2）目的和任务：根据脚斗士竞赛的要求决定目的和任务。

（3）主办单位：主办的单位如某市体育局、俱乐部或各种相关体育的组织等。

（4）比赛组别：根据脚斗士竞赛的目的和任务，确定比赛组别。

（5）比赛日程和地点：应考虑气候、食宿、交通和比赛设备等条件，根据所采用的竞赛制度定出预赛、决赛的日期和地点。

（6）参加办法：给出报名的名额和队数的限制、手续、报名日期和地点、领队、教练员、医生及裁判员人数的规定。

（7）竞赛办法和比赛采用的规则：规定预赛、决赛所采用的竞赛制度（如淘汰制、循环制等），提出决定名次的办法以及比赛成绩相等时确定名次排列的方法，并明确规定竞赛所采用的规则。

（8）奖励办法：规定对集体和个人的奖励方法。

（9）抽签日期和地点：根据具体情况决定。

（10）规定有关注意事项：规定比赛的服装和携带的物品等。

二、竞赛制度与编排

脚斗士比赛常用的竞赛制度有淘汰制、循环制和混合制。

（一）淘汰制

淘汰制主要是在参赛队数较多、比赛时间较短时采用。参赛队按排定的顺序进行比赛，胜队进入下一轮比赛，负队被淘汰，直至最后一场比赛，胜者为冠军，负者为亚军。

1. 单淘汰赛的比赛场数

单淘汰赛的比赛场数=参赛队数–1，如8个队参赛则比赛场次数=8–1=7场。

2. 单淘汰赛的轮数计算方法

单淘汰赛的轮数计算方法为2的乘方数，即比赛的轮数通常为参赛队数最接近的2的乘方数。如16个队参赛，16=2的4次方，即比赛4轮；32个队参加，32=2的5次方，即比赛5轮（表1）。

表1　轮数计算表

参加队数	对2的乘方数	轮数
4	2^2	2
8	2^3	3
16	2^4	4
32	2^5	5
64	2^6	6
128	2^7	7

8个队参加比赛则需进行3轮，见图23。

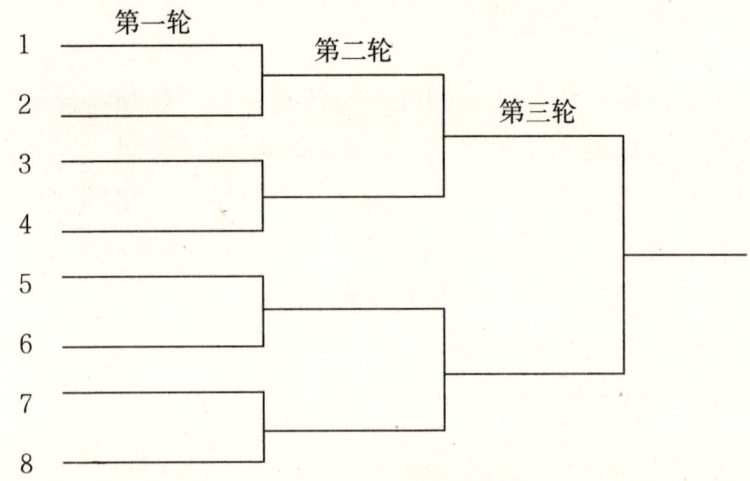

图23　8个队参赛的单淘汰编排

3. 单淘汰赛编排中设定种子队

种子队（选手）一般是排名在前的队。为了避免强选手（队）在第一轮比赛中相遇，经常采用种子队的编排方法，即把种子选手（队）安排在不同的区域之中，尔后再让其他选手（队）抽签确定位置。如果确定两个种子选手（队）则应安排在表的最上边和最下边。如果确定4个种子队，按实力依上、下、上、下的次序分别编在两个半区的最上边和最下边。种子队在第一轮中优先轮空。

4. 比赛中轮空的问题

参赛队不是2的乘方数时，则需要安排一部分具体数字位置"轮空"，目的是使第一轮比赛的队数正好是2的乘方数，以克服单淘汰赛比赛顺序的不完整性（图24）。

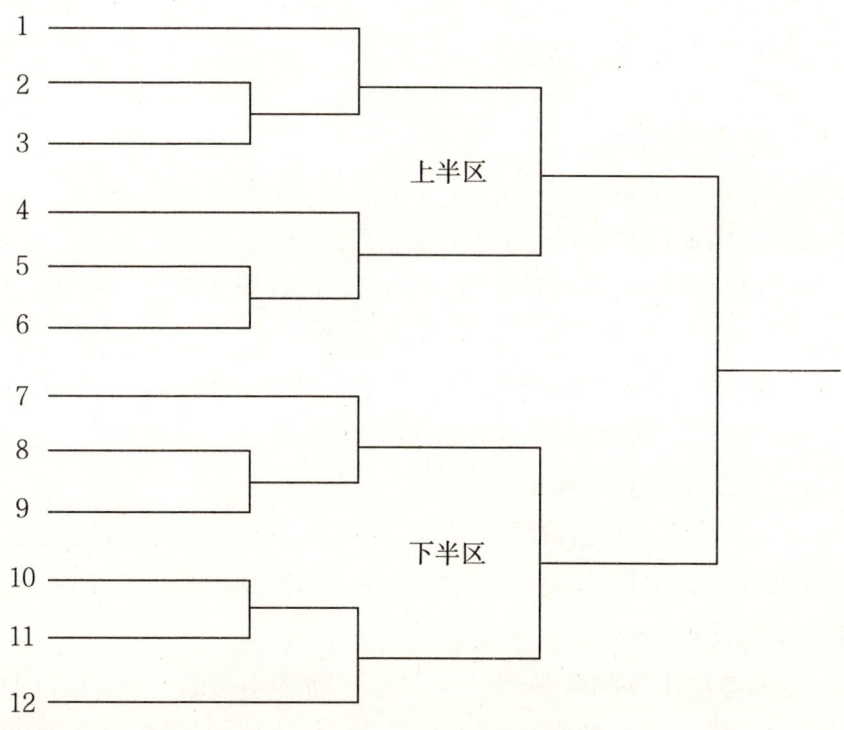

图24　13个队参加比赛的轮次安排

（二）循环制

循环制有单循环、双循环两种。

单循环制：参加比赛的各队之间均互相比赛一次，即为单循环制。

双循环制：参加比赛的各队之间均相互比赛两次，即为双循环制。双循环赛通常分两个阶段，即由两个单循环赛组成。第二轮循环的比赛编排方法可与第一轮的完全相同，也可根据第一轮循环比赛的成绩，采用抽签的办法，重新确定各参赛队在第二轮循环中的比赛序号，然后进行编排。

1. 循环赛的比赛场数计算公式

$$场数 = \frac{队数 \times (队数 - 1)}{2} = 比赛总场数$$

例如，12个队参加比赛，比赛总场数是

$$\frac{12 \times (12-1)}{2} = \frac{12 \times 11}{2} = 66（场）$$

2. 比赛轮次的计算

如果参赛的队数是偶数，则比赛轮数为：队数-1。例如，12个队参加比赛，比赛轮数是12-1=11（轮）。

如果参加比赛的队数是奇数，则比赛轮数等于队数。例如，5个队参加比赛就要进行5轮。

循环赛的比赛轮次计算公式：参赛队数为奇数时，比赛轮数等于队数；参赛队数为偶数时，比赛轮数等于队数-1。

3. 比赛轮次表的编排

（1）先用号数代表队数，排出各轮次的比赛表，不论参加比赛的队数是偶数还是奇数，一律按偶数排列，如果是单数可以加一个"0"号使之成为偶数，碰到0的队轮空一次。

（2）参加比赛的队平均分为两半，前一半号数由1号起自上而下写在左边，后一半号数自下而上写在右边，然后用横线把相对的号数连接起来，就是第一轮的比赛队。例如，

6个队比赛时，第一轮是：

左 1——6
2——5
3——4 右

5个队比赛时，第一轮是：

左 1——0
2——5
3——4 右

（3）以后各轮次的循环办法是：1号位置固定不变，其余的号码按逆时针方向移动一个位置，再用横线连接起来就是第二轮的比赛，以此类推，排出其余各轮次比赛表（表2、表3）。

表2　6个队参加比赛轮次表

第一轮	第二轮	第三轮	第四轮	第五轮
1——6	1——5	1——4	1——3	1——2
2——5	6——4	5——3	4——2	3——6
3——4	2——3	6——2	5——6	4——5

表3　5个队参加比赛轮次表

第一轮	第二轮	第三轮	第四轮	第五轮
1——0	1——5	1——4	1——3	1——2
2——5	0——4	5——3	4——2	3——0
3——4	2——3	0——2	5——0	4——5

（4）抽签：轮次表排好后，各代表队进行抽签，并把各队按抽到的号数填到轮次表里。

（三）混合制

混合制是结合淘汰制和循环制的一种竞赛方法。

脚斗士运动

第三章 "体育道德风尚奖""优秀教练员""优秀裁判员""优秀运动员"评选办法

体育竞赛交流活动是宣传社会主义精神文明的重要手段。运动员、教练员及裁判员在赛场内外的良好精神风貌和道德作风是搞好比赛的重要保证。为培育"有理想、有道德、有文化、有纪律"的一代新人，发扬团结友爱、拼搏进取、公正竞赛、纯洁健康的体育道德风尚，决定在本次比赛期间开展"体育道德风尚奖""优秀教练员、裁判员、运动员"的评选活动。评选办法如下：

一、评选范围

凡参加本次比赛的各运动队、运动员、裁判员均可参加评选。

二、评选条件

（一）热爱祖国，热爱体育事业。虚心学习，不断进取，努力工作，勇攀高峰。

（二）严格遵守大会的有关规定。

（三）遵守赛场纪律，赛风端正，尊重裁判、尊重对方、尊重观众。

（四）认真对待每一场比赛，奋力进取、顽强拼搏、胜不骄、败不馁，赛出风格、赛出水平。

（五）裁判员要严格履行职责，要做到严肃、认真、公正、准确。作风正派不徇私情，坚持原则。

（六）遵守社会公德，讲文明、讲礼貌、讲卫生。

（七）团结友爱、关心集体，互相学习、互相尊重、互相支持。

（八）勤俭节约，爱护公物，敢于向不良倾向做斗争。

三、评选办法

（一）在组委会领导下，设立评委会负责评选工作。

（二）评选获"体育道德风尚奖"的运动队，由评委会汇总各参赛队、裁判组及有关部门的推荐名单，提出意见，报组委会审定。

（三）评选获"优秀教练员、裁判员"的人员，由各参赛队、裁判组提名，评委会广泛征求意见后，提出评审意见，报组委会审定。

（四）评选获"优秀运动员"的人员，由裁判组提名，经组委会广泛征求意见后，提出评审意见，报组委会审定。

四、评选名额

（一）教练员：团体总分前八名教练员评为优秀教练员。

（二）裁判员评选名额：原则上按裁判员人数的4∶1比例评选。

（三）运动员评选名额：由各参赛单位按运动员人数的5∶1比例评选。

五、奖励办法

（一）对获得"体育道德风尚奖"单位，颁发牌匾。

（二）对获得"优秀教练员、裁判员"者，颁发证书。

（三）对获得"优秀运动员"者，颁发证书。

第四章　脚斗士竞赛规程范例

××××年脚斗士比赛竞赛规程

一、举办单位

主办单位：

承办单位：

二、时间和地点

比赛时间：
报到时间：
比赛地点：

三、参加单位（以实际报名为准）

四、竞赛项目和级别

（一）竞赛项目：
（二）级别：

五、竞赛办法

（一）比赛采用国际脚斗士协会审定的最新《脚斗士竞赛规则》。

（二）本次比赛将在规定高度（擂台规格：长6米×宽6米×高0.5米）的擂台上进行，擂台下保护垫宽度不少于2米，厚度不少于30厘米。

（三）本次比赛采用××的竞赛办法，决出各级别前×名。

（四）获得上一届比赛第×名的代表队（选手），为本届同级别比赛种子队（选手）。

（五）本次比赛各级别第×名的运动员，为本队获得参加下一届同级别比赛种子选手的资格。（本次团体赛第×名的运动队，为下一届团体赛种子队。）

（六）报名人数不足×人（队），取消该比赛。

六、参加办法

（一）各队选送×名选手参加比赛。

（二）各级别每队限报×人。

（三）运动员资格按照××参赛办法执行。

七、录取名次与计分办法

（一）个人赛各级别录取前×名，颁发证书。

（二）团体赛录取前×名，颁发证书。

（三）团体总分录取前×名，颁发奖杯（牌匾）和证书。

（四）个人赛计分办法：个人赛各级别录取前×名，第一名至第×名按×、×、×分计。

（五）团体赛计分办法：团体赛各组别录取前×名，第一名至第×名按×、×、×分计。

（六）团体总分计分办法

1. 团体总分名次排列：按各代表队在个人赛各级别和团体赛各组别比赛中取得的成绩（名次）累计，按总分高低录取前×名。

2. 若团体总分相等，则各级别和团体比赛第一名多者名次列前，若第一名再相等，则以第二名多者名次列前，以此类推。

八、报名

各队须按规范格式填写报名表于××××年×月×日前以电子邮件或传真至比赛组委会办公室。

联系人：　　　　传　真：

手　机：　　　　邮　箱：

九、参赛经费（视具体情况而定）

十、保险

运动员参赛期间的"意外伤害保险"由各参赛单位自行负责办理。

十一、其他

（一）技术会议日期：××××年×月×日×时，地点在参赛队报到时通知。

（二）运动员称体重在××××年×月×日×时，地点在参赛队报到时通知。

本规程解释权属××××组委会。未尽事宜，另行通知。

附件1　脚斗士体重计量表

脚斗士男子（女子）运动员体重计量表　　年　月　日

序号	性别	级别	单位	姓名	计量体重（kg）	运动员确认体重	运动员签名	超重记录		备注
					称重时间：					
1		××级 ≥××kg, <××kg								
2										
3										
4										
5										
6										
7										
8										
9										
10										

现场计量监督（领队、教练员）：_____　　称重裁判员：_____

附件2　脚斗士积分表

××××年脚斗士男子（女子）组循环阶段分组××分表

A组	1队	2队	3队	4队	5队	总积分	总得分	总失分	总严重犯规	总违规	总体重	名次
1队		比分										
		积分										
2队												
3队												
4队												
5队												

附件3　脚斗士个人赛

附件3-1　脚斗士个人赛抽签表

××××年男子（女子）个人赛××级抽签表

（××人单败淘汰比赛、×号签和×号签为种子队，由××××年同级别第一名和第二名抽签落位）

序号	红黑方	参赛单位
1		
2		
3		
4		
5		
6		
7		
8		
9		
10		

附件3-2 脚斗士个人赛检录表及使用说明

××××年脚斗士比赛检录表（个人赛第×轮）含服装借出单

年　月　日　上午（下午、晚上）

组别：××组　　级别：××级　　场地：×　　时间：第×单元

场次	运动员名单	体重	备注（签字）	
			借出	归还
1				
2				
3				
4				

使用说明：

1. 将本单元比赛的信息填入表格。

2. 从比赛正式开始计算，每半天为一个单元，例如，3天比赛，每天早中晚均有比赛，第一天上午为第一单元，下午为第二单元，以此类推，第三天晚上为第九单元。

3. 每场运动员名单，排在上面的为红方，排在下面的为黑方。检录员在检录完毕后须将下一场比赛的运动员分别带入各自一方的随队人员席准备比赛。

附件3-3 脚斗士个人赛记录表及使用说明

脚斗士个人赛（三局××分制）记录表

比赛名称：_____ 日　期：_____ 比赛场次：_____ ___组___
（级）别：_____ 裁判员_____ 比赛时长：_____-_____

红方（姓名）：			黑方（姓名）：	
体重：　　　公斤			体重：　　　公斤	
得分	违规（犯规）	局数	得分	违规（违规）
		1		
		2		
		3		
		最终结果		
教练员（运动员签名）：			教练员（运动员签名）：	

比赛结果：

KO胜	优势胜	终止胜	比分胜	弃权胜	失格胜	违规胜	体重胜

比分结果：_____ 比 _____　　获胜方：_____
记录员签字：_____　　裁判员签字：_____
执行裁判长签字：_____

使用说明：

1.得分、违规及犯规记录方法

（1）单局比赛，一方击败另一方一次得3分。

例如：

红方			黑方	
得分	违规（犯规）	局数	得分	违规（违规）
+3		1		

（2）单局比赛，一方违规1次。

例如：

红方			黑方	
得分	违规（犯规）	局数	得分	违规（违规）
	+1	1		

（3）单局比赛，一方消极1次，对方得1分。

红方			黑方	
得分	违规（犯规）	局数	得分	违规（违规）
+△		1		

（4）全场比赛，一方违规满3次，对方得1分。

红方		局数	黑方	
得分	违规（犯规）	局数	得分	违规（违规）
	+1+1	1		
	+1	2	+1	

（5）单局比赛，一方严重犯规，违规记"+D"对方得3分。

红方		局数	黑方	
得分	违规（犯规）	局数	得分	违规（违规）
	+D	1	+3	

2. 比赛结果栏记录方法

根据比赛结果在相应结果栏中打"√"

KO胜	优势胜	终止胜	比分胜	弃权胜	失格胜	违规胜	体重胜
			√				

3. 比赛结束后记录员工作

（1）填写比赛时长、比分结果、获胜方、签字。

（2）找到主裁判员、执行裁判长签字，确认无误后，将记录表转交给赛后组。

附件4　脚斗士团体赛

附件4-1　脚斗士团体赛抽签表

团体赛抽签表：××组

××团体赛（16队）　　种子：××代表队、××代表队

	1	2	3	4
A组黑桃				
B组红桃				
C组梅花				
D组方片				

附件4-2 脚斗士团体赛检录表及使用说明

×××× 年脚斗士团体赛检录表（记录台用表）

一、红方运动员信息记录单

组别：_____　　日　期：_____　　比赛场地：_____

比赛场次：_____　　红方代表队：_____

序号	姓名	体重（公斤）	报名参赛级别	备注
1			轻量级	
2			中量级	
3			次重量级	
4			重量级	
5			超重量级	
			总体重：	

红方代表队 VS 黑方代表队

队员	姓名	队员体重	备注
车			
马			
炮			
象			
将			
	出场队员总体重		
	第一局出场队员		

教练员签字：_____　　记录员：_____

使用说明：

1. 记录员应将"代表队"、队员"姓名"、"体重"等信息填写完整。

2. 教练员在"出场名单"单元格中按身份写出上场队员名字，计算并填写上场队员总体重。在教练员签名处签名，签名后不得更改。

3. 男子比赛：5名队员总体重不超过385公斤。

　女子比赛：5名队员总体重不超过310公斤。

××××年脚斗士团体赛检录表（记录台用表）

二、黑方运动员信息记录单

组别：_____   日 期：_____   比赛场地：_____

比赛场次：_____   黑方代表队：_____

黑方代表队 VS 红方代表队

序号	姓名	体重（公斤）	报名参赛级别	备注
1			轻量级	
2			中量级	
3			次重量级	
4			重量级	
5			超重量级	
			总体重：	

教练员签字：_____　　记录员：_____

队员	姓名	队员体重	备注
车			
马			
炮			
象			
将			
	出场队员总体重		
	第一局出场队员		

使用说明：

1. 记录员应将"代表队"、队员"姓名"、"体重"等信息填写完整。

2. 教练员在"出场名单"单元格中按身份写出上场队员名字，计算并填写上场队员总体重。在教练员签名处签名，签名后不得更改。

3. 男子比赛：五名队员总体重不超过385公斤。

　女子比赛：五名队员总体重不超过310公斤。

附件4-3 脚斗士团体赛记录表

×××年脚斗士团体赛（积分制）记录表

日期：_____ 比赛场次：_____ 组别：_____ 裁判员：_____ 比赛时长：_____

红方：
总体重：		
车	姓名：	体重：
马	姓名：	体重：
炮	姓名：	体重：
象	姓名：	体重：
将	姓名：	体重：

姓名	得分	违（犯）规	单局总分	胜/负	场上总分	局数	场上总分	胜/负	单局总分	姓名	得分	违（犯）规
						一						
						二						
						三						
						四						
						五						
						六						
						七						
						八						
						九						
合计												

黑方：
总体重：		
车	姓名：	体重：
马	姓名：	体重：
炮	姓名：	体重：
象	姓名：	体重：
将	姓名：	体重：

总比分：_____ 获胜方队名：_____ 记录员：_____ 助理裁判：_____ 主裁判：_____

红方主教练员签字：_____ 黑方主教练员签字：_____ 执行裁判长签字：_____

图书在版编目(CIP)数据

脚斗士运动：规则·裁判法·竞赛组织 / 国际脚斗士协会审定.
- 北京：人民体育出版社，2017

ISBN 978-7-5009-5186-5

Ⅰ.①脚… Ⅱ.①国… Ⅲ.①民族形式体育-竞赛规则-中国②民族形式体育-裁判法-中国③民族形式体育-运动竞赛-组织管理 Ⅳ.①G852.9

中国版本图书馆 CIP 数据核字（2017）第 137211 号

*

人民体育出版社出版发行
三河兴达印务有限公司印刷
新 华 书 店 经 销

*

787×960　16 开本　7 印张　92 千字
2017 年 7 月第 1 版　2017 年 7 月第 1 次印刷
印数：1—6,000 册

*

ISBN 978-7-5009-5186-5
定价：30.00 元

社址：北京市东城区体育馆路 8 号（天坛公园东门）
电话：67151482（发行部）　　邮编：100061
传真：67151483　　　　　　　邮购：67118491
网址：www.sportspublish.com

（购买本社图书，如遇有缺损页可与发行部联系）